II

Le autrici
Introduzione

PARTE 1

CAPITOLO 1
Tutti a "dieta"!
- Indice di massa corporea
- Il modello mediterraneo

CAPITOLO 2
I pilastri del mangiar bene
- Quanto me ne occorre?
- La regola del 5
- Pasti sempre completi ed equilibrati
- Variare sempre!
- La porzione giusta
- Amici della frutta e della verdura
- Integrale è meglio!
- Non tutti i grassi vengono per nuocere
- Ricorda di bere acqua
- Sale e zuccheri semplici? Poco, grazie
- Le calorie vuote
- Ad ogni stagione i suoi
- La carta d'identità dei cibi

CAPITOLO 3
Il cibo amico

CAPITOLO 4
Mangia con i sensi

PARTE 2

Cuciniamo insieme
- Colazioni
- Spuntini
- Piatti Unici
- Primi
- Secondi
- Contorni
- Dolci
- Lievitati
- Ricette bonus

Conclusioni

Appendice

LE AUTRICI

Dott.ssa Erica De Angelis

Laureata magistrale in Scienze dell'alimentazione della nutrizione umana, svolge la sua professione come Nutrizionista.

È una appassionata di benessere, salute e alimentazione e nella sua pratica quotidiana cerca di trasmettere ai suoi pazienti un giusto comportamento a tavola, un corretto stile di vita ed alimentare offrendo loro un supporto costante nel raggiungimento degli obiettivi desiderati.

È molto attenta al rapporto delle persone con il cibo e per questo ha conseguito un Master di secondo livello in "Psicobiologia dell'alimentazione e della nutrizione umana", approfondendo il tema dei disturbi alimentari che segue con passione.

Contatto: deangelis.nutrizionista@gmail.com

Federica Cesino

È una food blogger con una forte passione per la cucina. Ha provato sulla sua pelle cosa significa il cambiamento del proprio stile di vita: è passata dal condurre una vita sedentaria all' amare l'attività fisica e dal cucinare senza badare ai grassi a cucinare in modo sano e consapevole.

Ha modificato quindi il suo modo di preparazione dei cibi in base ad un'alimentazione salutare, scoprendo che non vi si rinuncia affatto al gusto. Da quando ha cambiato il suo modo di vivere, si sente meglio sia fisicamente che psicologicamente ed è riuscita ad instaurare un buon rapporto con il cibo. Ha perso quasi 20 chili in totale serenità grazie a percorsi effettuati con la nutrizionista Erica, associando anche del sano sport.

Da qui nasce il motto
"MANGIA BENE-MANGIA SALUTARE!"

Introduzione

Nella società odierna, sono molte le correnti di pensiero e le fake news che circolano attorno al mondo dell'alimentazione e che, purtroppo, condizionano il nostro comportamento a tavola. Se credete che per stare bene ed in forma si debbano sostituire i pasti con frullati, eliminare intere categorie alimentari o praticare il digiuno, scoprirete presto come questo sia l'approccio sbagliato. La corretta alimentazione, infatti, è quella che non demonizza o elogia il singolo alimento ma quella basata sul corretto equilibrio dei vari nutrienti assunti nella giornata.

È importante diventare "amici del cibo" e vivere il rapporto con esso serenamente, avendo a disposizione gli strumenti adatti per condurre uno stile alimentare idoneo: si tratta del mezzo di prevenzione più potente che abbiamo a disposizione per preservare il nostro stato di salute.

Aiutare a comprendere quale sia il corretto approccio al cibo e a sviluppare delle buone abitudini alimentari per mantenerle nel lungo periodo è proprio lo scopo di questo libro.

Vedremo come, unendo insieme a queste preziose conoscenze un po' di fantasia, sia possibile creare dei sani, equilibrati e gustosissimi piatti.

Buona lettura!

PARTE 1

A cura della Dott.ssa

Erica de Angelis

CAPITOLO 1

TUTTI A DIETA!

Questa espressione che deriva dal greco *"dìaita"* sta a significare *"regime, stile di vita, modo di vivere"*, cioè la pratica di una serie di sane abitudini che si dovrebbero seguire, al fine di preservare un buono stato di salute per tutto il corso della vita, e che formano una complessa relazione di fattori psicologici, sociali e culturali.

Già dall'antichità, praticare una "dieta" implicava seguire delle regole ben precise sotto ogni aspetto della vita quotidiana, soprattutto riguardo l'alimentazione (metodi di preparazione, cottura, presentazione, frequenze e ritmo dei pasti), l'esercizio fisico ed il riposo. Nel linguaggio corrente, il termine ha cambiato il suo significato ed erroneamente viene associato esclusivamente ai classici regimi ipocalorici dimagranti. *"Sono a dieta"* equivale a dire *"mi privo di tutto ciò che più mi piace e vivo con cupa tristezza ogni pasto, pur di dimagrire"*.

Pertanto, anziché sinonimo di salute e benessere, la parola dieta può alimentare un sentimento negativo ed è spesso collegata all'idea di imposizione, rinuncia, sacrificio e privazione dei piaceri.

È auspicabile quindi tornare alle origini e ridare al termine il suo vero significato.

Ma quali sono gli aspetti che concorrono ad avere uno stile di vita, e quindi una dieta, adeguati?

- Mantenere un peso corporeo nella norma, in quanto sovrappeso e obesità o eccessivo dimagrimento possono essere alla base di altre patologie;
- Garantire all'organismo tutti i nutrienti di cui necessita per preservarne le funzionalità;
- Praticare un'attività fisica giornaliera per almeno 30 minuti riducendo l'utilizzo dei mezzi trasporto e dei dispositivi elettronici, e possibilmente sportiva garantendo almeno due-tre volte alla settimana un movimento più intenso e strutturato;
- Ridurre il consumo di tabacco per non danneggiare organi ed apparati;
- Bere circa due litri di acqua al giorno;
- Limitare il consumo di alcool;

- Dormire a sufficienza per permettere di abbassare i livelli dello stress e minimizzare il manifestarsi di patologie metaboliche.

Nel corso della lettura, approfondiremo molti di questi punti.

È bene, dunque, imparare a dare un significato più ampio al termine "dieta" e non cadere nell'errore di attribuire falsi pregiudizi che potrebbero inficiare negativamente sulla nostra motivazione al cambiamento. "Stare a dieta" vuol dire prendere consapevolezza, imparare ad ascoltarsi e raggiungere un obiettivo (qualsiasi esso sia) concentrandosi su tutti gli aspetti che lo caratterizzano.

Seguire una dieta corretta, nel suo significato più concreto, è un valido strumento per la prevenzione di molte patologie e per mantenere un buono stato di salute. Mangiare troppo rispetto ai propri fabbisogni ed in maniera scorretta, ad esempio, espone al rischio di numerose patologie come l'obesità, il sovrappeso, l'ipercolesterolemia, il diabete mellito di tipo 2, l'ipertensione, le cardiopatie coronariche ed altre. Allo stesso modo condurre una vita sedentaria (priva o limitata nell'attività fisica giornaliera), abbandonarsi a cattive abitudini (quali l'eccesso di fumo o alcool) e dormire poco, ci espone agli stessi rischi.

Indice di massa corporea

Per comprendere se il nostro peso corporeo sia nella norma, può venirci in aiuto il calcolo dell'Indice di Massa Corporea (IMC o BMI). Si tratta di un indicatore utile nella valutazione clinica e nella classificazione del sottopeso, del sovrappeso, dell'obesità nei suoi vari gradi. Si ottiene mettendo in relazione la massa corporea con la propria altezza.

In particolare:

$$IMC = \frac{Peso\ Corporeo\ in\ Kg}{(Altezza\ in\ metri)^2}$$

es. Maria ha un peso corporeo di 69 kg ed è alta 1,65 m.

La formula è

69/(1,65*1,65) = 25,36

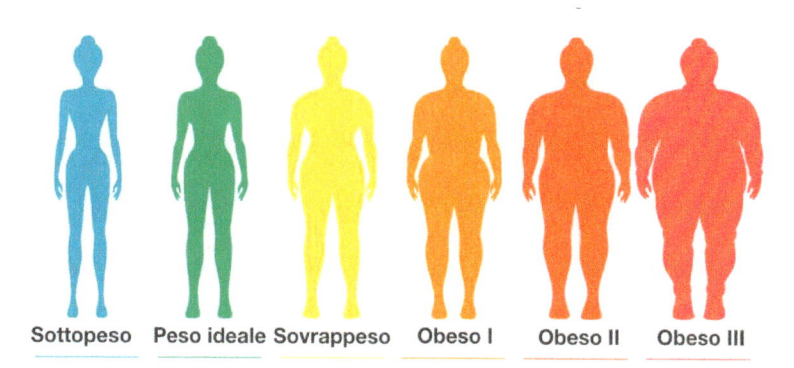

Sottopeso   Peso ideale   Sovrappeso   Obeso I   Obeso II   Obeso III

L'interpretazione dell'IMC viene effettuata secondo i criteri stabiliti dall'OMS, utilizzabili come classificazione statistica e riferibile alla popolazione in generale.

BMI inferiore a 18,5 → sottopeso

BMI compreso tra 18,5 e 24,9 → normopeso

BMI compreso tra 25 e 29,9 → sovrappeso

BMI compreso tra 30 e 34,9 → obesità di 1° grado

BMI compreso tra 35 e 39,9 → obesità di 2° grado

BMI superiore a 40 → obesità di 3° grado

Nell'adulto, i livelli di BMI superiori a 25 indicano uno stato di sovrappeso o obesità, mentre uno al di sotto di 18,5 è indice di sottopeso. Queste condizioni sono associate a diverse patologie, caratterizzate da un aumentato rischio di morbilità e mortalità.

Tuttavia, questo è solo uno dei metodi a disposizione per valutare in quale di queste categorie si appartiene e non tiene conto di diversi fattori come, ad esempio, la composizione corporea e quindi le percentuali di massa grassa e magra e la localizzazione del tessuto adiposo.

La conoscenza della composizione corporea si può ottenere utilizzando strumenti specifici, come ad esempio la bioimpedenziometria o l'adipometria, utilizzata dagli specialisti del settore (nutrizionisti, dietologi, dietisti). Inoltre, il peso e l'altezza, considerati come valori assoluti non hanno molto significato: due soggetti aventi lo stesso peso e la stessa altezza possono avere una composizione corporea diversa, ad esempio l'uno può avere una percentuale più elevata di grasso, e dunque avere più rischi per lo sviluppo di patologie, e l'altro può avere più massa magra e quindi meno rischio di sviluppare patologie. Ma la semplicità del calcolo dell'IMC non deve trarci in inganno, quindi bando alle diete "fai da te".

Il modello mediterraneo

Già dalla metà del secolo scorso la "Dieta Mediterranea" fu oggetto di studi condotti principalmente dal biologo Ancel Keys che mise a confronto il modello nutrizionale tradizionalmente praticato nei paesi dell'area mediterranea, con quelli in uso in altri paesi quali gli Stati Uniti, i paesi nordici, quelli baltici, il

Giappone ecc. L'esame dei dati raccolti ed elaborati non lasciava dubbi: lo schema "Mediterraneo", fu identificato come quello che riduceva in modo sensibile l'incidenza di diverse patologie, in primis quelle coronariche.

Dal 2010 la *"Dieta Mediterranea"* è entrata così a far parte della Lista del Patrimonio Culturale Immateriale dell'Umanità, riconoscendo con questa definizione le pratiche tradizionali, le conoscenze e le abilità tipiche della popolazione mediterranea, consolidate attraverso i secoli.

È caratterizzata da un elevato apporto di frutta e verdura fresca, cereali (soprattutto poco raffinati), legumi, frutta secca (noci, mandorle, nocciole) e la principale fonte di grassi è l'olio d'oliva, usato principalmente come condimento. Le proteine vengono assunte soprattutto dal pesce, mentre sono consumati in misura minore formaggi, latticini e carne (in prevalenza quella rossa). Prevede un moderato consumo di alcool, in particolare di vino rosso, ed un occasionale assunzione di cibi processati e dolci.

L'icona della "Piramide alimentare" è uno strumento essenziale per comunicare che i benefici si ottengono, oltre che da un regime alimentare corretto, anche da un esercizio fisico costante: quindi dieta come un "modus vivendi" corretto a tutto tondo.
Uno stile di vita sicuramente più facilmente perseguibile qualche decennio fa e che, al giorno d'oggi, va ricercato e ritrovato con l'impegno per la salute individuale e collettiva.
La salute, come componente fondamentale della nostra vita è definita dall'OMS come "*...uno stato di benessere fisico, psichico e sociale conseguente al buon funzionamento*

dell'organismo e di tutte le sue parti, e dipende da un armonico equilibrato rapporto dell'individuo con il suo ambiente naturale e sociale...". Risulta evidente, allora, che prendersi cura di sé significa non solo prendersi cura del proprio corpo, ma anche delle proprie emozioni poiché, in virtù della stretta relazione esistente, saperle riconoscere ed esprimere in modo sano contribuisce alla creazione di quel circolo virtuoso del benessere fisico e psicologico che migliora la qualità della vita (*"mens sana in corpore sano"*).

La salute come diritto posto alla base di tutti gli altri diritti fondamentali dell'essere umano, è un obiettivo raggiungibile solo con l'equilibrio tra fattori fisici, sociali e psicologici: una dieta alimentare ben fatta, bilanciata dal punto di vista di calorie e nutrienti può risultare, comunque, insostenibile dal soggetto se non rispetta le proprie abitudini e preferenze o se risulta troppo restrittiva e poco soddisfacente, portando ad un precario equilibrio psichico e sociale.

CAPITOLO 2

I PILASTRI DEL MANGIAR BENE

Seguire un sano stile di vita e un'alimentazione corretta sono i presupposti fondamentali per mantenere un buono stato di salute sia fisica che psicologica. Per poter affermare di mangiare bene, occorre avere un'alimentazione equilibrata e consapevole che badi agli aspetti quali-quantitativi dei cibi scelti ma anche alla conoscenza di ciò che portiamo sulle nostre tavole. Ciò non significa soltanto apportare al nostro corpo tutte le sostanze nutritive di cui ha bisogno, ma anche vivere un'esperienza sensoriale e sociale ricca di emozioni positive.

Non è raro che l'approccio ad un regime alimentare rigido e complesso ne porti poi spesso all'abbandono: è infatti molto più utile comprendere quelli che sono i principi di una corretta alimentazione, impegnandosi a modificare e migliorare il proprio stile di vita. Senza puntare alla perfezione, molto spesso poco sostenibile e controproducente, è utile cercare di acquisire le conoscenze base e mantenerle nel lungo periodo non lasciando spazio a comportamenti disfunzionali.

I pilastri del mangiar bene sono molteplici ed è bene conoscerli uno per uno. Iniziamo!

Quanto me ne occorre?

Come prima cosa, è importante valutare la quantità corretta di energia e nutrienti necessari al nostro organismo da consumare giornalmente. Questa non è uguale per tutti gli individui, ma viene definita sulla base di molteplici fattori individuali come il sesso, l'età, l'altezza, il peso, l'etnia, lo stile di vita ed altri elementi soggettivi come struttura muscolare, metabolismo o patologie.

Più nello specifico, la dieta ha il compito di fornire le calorie necessarie a coprire le richieste energetiche giornaliere, note come "fabbisogno energetico", per mantenere inalterato il "bilancio energetico" dell'organismo e cioè la differenza tra l'energia introdotta e quella spesa. Il peso corporeo è l'espressione evidente del bilancio energetico tra assunzioni di nutrienti e consumi calorici. In particolare, se le entrate caloriche alimentari sono in linea con le spese energetiche, il peso resta invariato, nel caso in cui le entrate caloriche alimentari sono inferiori alle spese energetiche il peso si riduce, se invece le entrate caloriche alimentari sono superiori alle spese energetiche il peso aumenta per deposito sotto forma di grasso.

Il tutto si delinea a partire dal prodotto del "metabolismo basale" (MB) ossia delle calorie consumate dal nostro organismo in uno stato di completo riposo, che dipendono essenzialmente dal lavoro delle funzioni metaboliche vitali come la respirazione, la circolazione sanguigna, l'attività del sistema nervoso ed altre; dal livello di attività fisica" (LAF) stimato sulla base dell'attività fisica giornaliera che va dal leggere e parlare fino allo svolgere un allenamento o una passeggiata; dalla termogenesi indotta dalla dieta (TID) ossia l'incremento del dispendio energetico in risposta all'assunzione di alimenti che varia in funzione della quantità e del tipo di alimenti ingeriti.

La vita dell'uomo è strettamente dipendente dalle calorie che si assumono attraverso l'alimentazione. Le grandi molecole contenute negli alimenti, che approfondiremo più avanti, vengono elaborate e scisse nei loro costituenti più piccoli che, attraversando la barriera intestinale, liberano energia comunemente espressa in chilocalorie o chilo joule (1 Kcal equivale a 4,184 kj).

La regola del 5

Il nostro fabbisogno energetico totale deve essere distribuito correttamente durante l'arco della giornata. Una buona abitudine è suddividerlo in tre pasti principali (colazione, pranzo e cena) e due spuntini (metà mattina e metà pomeriggio) per mantenere il metabolismo attivo, evitando momenti di debolezza o momenti di "abbuffata". Inoltre, la suddivisione si associa ad un più agevole controllo dei parametri metabolici e ad una riduzione del carico dell'apparato digerente favorendo la digestione e rendendo ottimale l'assorbimento e l'utilizzo dei nutrienti ingeriti.

- La ***COLAZIONE*** è uno dei momenti più importanti della giornata anche se una buona percentuale della popolazione, soprattutto giovanile, non la consuma. Rappresenta circa il 20% dell'introito calorico giornaliero e deve prevedere una buona fonte di carboidrati, proteine e grassi in modo da fornire la giusta energia per affrontare la giornata in maniera lucida ed attiva. Il consumo regolare di questo pasto è associato a un'aumentata qualità della dieta e a scelte alimentari migliori.

- Il **_PRANZO_** e la **_CENA_**, rispettivamente il 40% ed il 30% dell'introito calorico giornaliero, devono includere tutti i nutrienti necessari all'organismo e devono coprire correttamente i nostri fabbisogni energetici. Il via, dunque, alle giuste quantità di carboidrati, proteine e grassi senza dimenticare l'immancabile porzione di verdura, frutta e di acqua.
- Gli **_SPUNTINI_**, a metà mattina ed a metà pomeriggio, permettono di controllare l'appetito in modo da non arrivare troppo affamati ai pasti principali e rappresentano circa il 5% dell'introito calorico giornaliero. In questi momenti della giornata è bene orientarsi su proposte di piccole dimensioni con pochi grassi e un buon apporto di carboidrati, per non appesantire la giornata alimentare.

Insomma, proprio come recita, un famoso detto popolare: "*è bene fare una colazione da re, un pranzo da principe ed una cena da povero*", distribuendo così la maggior parte degli introiti energetici nella prima parte della giornata e riducendoli verso sera rispettando, in questo modo, anche le variazioni ormonali del nostro corpo.

Pasti sempre completi ed equilibrati

Ogni alimento svolge una precisa funzione all'interno del nostro organismo, pertanto nessuno deve essere escluso.

Una dieta completa, equilibrata e sana esplica, quindi, un ruolo fondamentale per un adeguato apporto di nutrienti. Vengono generalmente assunti durante il processo di nutrizione, con alcune eccezioni come ad esempio la vitamina D (che viene prodotta grazie all'esposizione alla luce solare). Il nostro organismo necessita ed utilizza oltre 50 nutrienti (essenziali e non essenziali). Si definiscono essenziali quelli che in caso di deficit, non possono essere sintetizzati dall'organismo, ma devono essere assunti attraverso la dieta (questo vale per alcuni amminoacidi, vitamine, minerali ed acidi grassi). Un nutriente che si definisce non essenziale è un composto che, nel caso di un apporto dietetico deficitario, può essere sintetizzato dall'organismo. Ad esempio il glucosio, imprescindibile per il funzionamento cellulare, in caso di digiuno può essere sintetizzato dall'organismo tramite la gluconeogenesi.

I nutrienti si possono classificare in due grandi gruppi: macronutrienti e micronutrienti, dunque carboidrati, proteine e grassi oltre che vitamine, sali minerali, fibre e antiossidanti non vitaminici.

Il totale delle calorie stimate sulla base del fabbisogno energetico giornaliero è bene che venga ripartito in modo da includere tutti i "macronutrienti", ossia le sostanze necessarie a produrre energia e fornire materiale plastico indispensabile per la crescita e la rigenerazione del corpo.

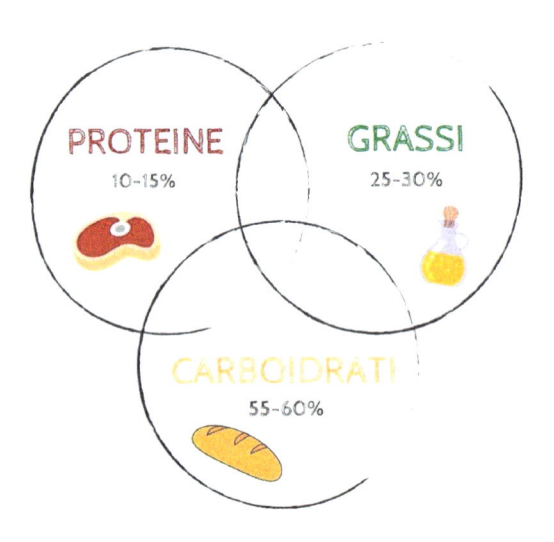

PROTEINE 10-15%

GRASSI 25-30%

CARBOIDRATI 55-60%

Il 55-60% dovrebbe derivare dai carboidrati, il 10-15% dalle proteine sia animali che vegetali e il restante 20-30% dai grassi.

Vanno a loro volta ben distribuiti nei diversi pasti della giornata ed è fortemente sconsigliato optare per un'unica fonte (ad esempio: pasti esclusivamente proteici) bensì vanno introdotti tutti in ogni pasto e nella giusta quantità.

Scopriamo insieme quali sono le loro caratteristiche e quale ruolo svolgono all'interno del nostro organismo.

Carboidrati

Rappresentano la principale fonte energetica dell'organismo in quanto vengono convertiti in glucosio dal metabolismo e quest'ultimo è usato come "carburante" dalle cellule per svolgere tutte le loro attività. Sono contenuti principalmente negli alimenti di origine vegetale come i cereali, i legumi, la frutta, le patate e si dividono in:

- zuccheri o carboidrati semplici, che forniscono energia a breve termine, sono facilmente digeribili e aumentano i livelli di glucosio nel sangue;
- amidi o carboidrati complessi, che forniscono energia a lungo termine, sono più difficilmente digeribili e ricchi di fibra alimentare.

In generale, i carboidrati forniscono al corpo circa 4 kcal per grammo.

Proteine
Sono il principale materiale plastico che serve per la costruzione dei tessuti e degli organi. I muscoli, ad esempio, sono costituiti principalmente da proteine. Apportano anche loro circa 4 kcal per grammo e hanno numerose funzioni vitali per l'organismo. Dal punto di vista alimentare possono essere di origine animale o vegetale e presentano diverso valore nutrizionale sulla base della composizione in amminoacidi, di cui esse sono composte. In linea di massima le proteine di origine animale hanno un valore biologico più elevato e sono fornite ad esempio dalla carne, dal pesce, dalle uova e dal latte mentre quelle di origine vegetale si trovano soprattutto nei cereali e nelle leguminose.

Grassi
Sono un'importante fonte di energia e possono servire come riserva in quanto vengono consumati più lentamente rispetto ai carboidrati. Sono inoltre fondamentali per il mantenimento delle membrane cellulari e per l'assorbimento di alcune vitamine (A, D, E, e K). I lipidi sono contenuti soprattutto nei condimenti grassi come burro, olio e nella frutta secca (noci, mandorle ecc.). Contengono circa 9 kcal per grammo.

I "**Micronutrienti**", infine, sono sostanze nutritive che devono necessariamente essere assunte, anche in piccola quantità dall'organismo e sono indispensabili ai fini del corretto funzionamento del metabolismo e della crescita. Si dividono in vitamine e sali minerali.

Vitamine

Classificabili in due grandi gruppi: le "liposolubili", assorbite insieme ai grassi alimentari ed accumulate nel fegato, come la vitamina A, D, E e K, e le "idrosolubili", da assumere giornalmente con l'alimentazione poiché non cumulabili nell'organismo, come le vitamine del complesso B e la vitamina C.

Sali minerali

Elementi necessari in quantità rilevanti come calcio, potassio, sodio, magnesio, fosforo ecc..ed altri necessari in quantità più ridotte come oligoelementi ed elementi in traccia.

L' **acqua** dal punto di vista nutrizionale è considerata un vero e proprio alimento, in quanto composta non solo da idrogeno e ossigeno, ma anche da minerali in soluzione, che sono nutrienti essenziali per il corpo umano. L'European Food Safety Authority (EFSA) ha accertato un rapporto di causa ed effetto tra l'assunzione giornaliera d'acqua e il mantenimento delle normali funzioni fisiche e cognitive e nella regolazione della temperatura corporea.

Variare sempre!

Quando si decide di prestare attenzione alla propria alimentazione, per perdere peso o per controllare ad esempio dei parametri metabolici, solitamente si tende ad eliminare intere categorie alimentari (soprattutto carboidrati), alternare periodi di estrema restrizione calorica a periodi di eccessi alimentari con conseguente "effetto Yo-Yo" se non addirittura a saltare interi pasti. Tutti questi comportamenti sono l'antitesi di un corretto approccio con il cibo.

Il nostro organismo è una macchina perfetta ma per funzionare correttamente, ha bisogno di tutto: di carboidrati, di proteine, di grassi, di vitamine e via dicendo. Privarlo anche solo di uno di questi elementi può essere controproducente sia in termini di metabolismo e funzionalità organica, che in termini di insoddisfazione e sofferenza psicologica.

La varietà nella dieta è un elemento molto importante: aiuta a mantenere un'alimentazione equilibrata, a combattere la monotonia dei piatti e dei sapori ed a ridurre l'accumulo di eventuali sostanze indesiderate o tossiche all'organismo.

È fondamentale imparare che non esiste alimento che possa essere definito "completo" o "perfetto", cioè che contenga in giuste quantità tutte le sostanze necessarie al nostro organismo:

questo è il motivo per il quale è indispensabile combinare tra loro diverse tipologie. La dieta corretta, dunque, deve essere caratterizzata da un'ampia variabilità.

Nella seguente tabella sono riportate le frequenze illustrative (e non prescrittive) di consumo per tipologia di nutriente, consigliate per adulti sani e normopeso, con lo scopo di delineare una serie di suggerimenti pratici ad organizzare l'alimentazione quotidiana in modo vario ed equilibrato. È importante tenere sempre a mente che ogni individuo è diverso dagli altri pertanto occorre considerare un "riadattamento" ai fabbisogni ed alle specifiche condizioni cliniche di ognuno.

CATEGORIA	TIPOLOGIA		FREQUENZA
CARBOIDRATI	Cereali e derivati	Pane, pasta, cereali in chicco	Tutti i giorni
		Cereali per colazione e similari	
	Tuberi	2 volte a settimana, in sostituzione di cereali e derivati	
	Frutta	3 porzioni al giorno	
	Verdura	2 porzioni al giorno	
PROTEINE	Carne	Rossa	1 volta a settimana
		Bianca	2 volte a settimana
		Carni trasformate e conservate	Occasionale

	Pesce e prodotti della pesca	Fresco	2 volte a settimana
		Conservato	1 volta a settimana
	Uova	1-2 volte a settimana	
	Legumi e derivati vegetali	Freschi	3 volte a settimana
		Secchi	
	Latte e derivati	Latte, yogurt...	Tutti i giorni
		Formaggi	2 volte a settimana
GRASSI	Grassi da condimento	Olio di oliva, oli di semi.	Tutti i giorni
	Frutta secca a guscio e semi oleosi	3 volte a settimana	
ACQUA	Tutti i giorni		
DOLCI E SNACK	Occasionalmente		
BEVANDE ANALCOLICHE	Occasionalmente		
BEVANDE ALCOLICHE	Occasionalmente		

Molti alimenti non sono indispensabili al nostro organismo anzi, a causa dell'elevato contenuto in calorie e/o di grassi e/o zuccheri e/o sale e/o alcool e del basso contenuto di nutrienti, il loro consumo deve essere occasionale per non compromettere gli equilibri della dieta e la salute.

Per favorire la varietà della dieta effettuando le proprie scelte tra prodotti di composizione paragonabile, gli alimenti sono stati raggruppati nei "gruppi alimentari" sulla base dei nutrienti di cui risultano essere la fonte principale. Ciascun gruppo comprende cibi molto diversi tra di loro ma accomunati da caratteristiche nutrizionali e compositive simili. Conosciamoli.

Gruppo 1 CEREALI (E DERIVATI) E TUBERI

Il primo gruppo comprende due sottogruppi:

- I cereali e derivati, nello specifico pane, pasta, riso ed altri cereali (mais, avena, farro, orzo ecc..), i sostituti del pane (cracker, friselle, grissini e simili), prodotti da forno dolci (cornetti, biscotti ed altri prodotti non farciti) e cereali per la prima colazione.
- I tuberi, come le patate o i tubinambur.

Tutti questi sono fonti di carboidrati complessi e fibra alimentare oltre che di buone quantità di vitamine del complesso B, di magnesio e proteine che, pur essendo di scarsa qualità, possono dare origine ad una miscela proteica di valore biologico paragonabile alle proteine animali se unite a quelle dei legumi.

Gruppo 2 FRUTTA E VERDURA

È davvero importante che frutta e verdura siano sempre presenti nella nostra tavola preferendo quelle fresche e di stagione. Apportano fibra, beta carotene (soprattutto peperoni, carote, meloni, albicocche ecc..), vitamina C (soprattutto agrumi, fragole, kiwi, pomodori ed altri...), altre vitamine e vari minerali come il potassio. Presentano anche componenti minori, la maggior parte ad azione antiossidante, che svolgono una preziosa azione protettiva oltre che acqua e fibra alimentare. Nel gruppo non sono presenti alcuni sottotipi di alimenti come la frutta candita, la frutta disidratata, i succhi di frutta o la verdura sott'olio e sottaceto in quanto prodotti lavorati e ricchi rispettivamente di zuccheri e sale e/o grassi.

Gruppo 3 CARNE, PESCE, UOVA E LEGUMI

Il terzo gruppo comprende quattro sottogruppi:

- o Carne fresca e surgelata, suddivisa in carne bianca (pollo, tacchino e coniglio) e carne rossa (bovini, suini, caprini ed equini)
- o Uova
- o Pesce e prodotti della pesca, suddivisi in freschi o surgelati e conservati o trasformati.
- o Legumi freschi, surgelati o in scatola e secchi

Tali alimenti forniscono soprattutto proteine di elevata qualità ed oligoelementi come rame, zinco e ferro facilmente assimilabili. Apportano anche vitamine del complesso B. ma anche colesterolo ed acidi grassi.

Gruppo 4 LATTE (E DERIVATI)

Il quarto gruppo comprende due sottogruppi:
- Latte, yogurt e altri tipi di latte fermentato
- Formaggi

Gli alimenti di questo gruppo si caratterizzano per la presenza abbondante di nutrienti come il calcio, fosforo, proteine ad alto valore biologico, alcune vitamine come la B2, la vitamina A e lipidi prevalentemente saturi.

Gruppo 5 GRASSI DA CONDIMENTO

Il gruppo comprende: burro, lardo, strutto, panna, pancetta, guanciale, margarina, olio di oliva, oli di semi, alcune preparazioni alimentari (maionese, creme spalmabili cc.). Gli alimenti di questo gruppo forniscono principalmente: lipidi saturi, monoinsaturi (es. olio d'oliva), polinsaturi (es. oli di semi), vitamine liposolubili del gruppo A ed E. L'olio di oliva, ma soltanto se extravergine, fornisce anche polifenoli che sono potenti antiossidanti.

La porzione giusta

Definire la porzione esatta dei nutrienti è importante per comprendere come, in termini di dimensioni, deve essere strutturato ogni pasto. Ogni soggetto avrà, quindi, la propria porzione stimata sulla base degli specifici fabbisogni e dunque risulta importante affidarsi a professionisti del settore che possano stimare il tutto con precisione. Un metodo che può essere utile per gestire il proprio pasto è l'utilizzo de "Il piatto del mangiar sano" della Harvard Medical School.

In particolare, oltre che ad aiutarci a gestire la nostra alimentazione in maniera sana ed equilibrata, può essere un valido aiuto per gestire le nostre porzioni.

Preso un piatto piano, è bene riempire 1/4 con una fonte proteica, 1/4 con una fonte di carboidrati (preferibilmente integrali), e 1/2 con verdura e frutta. È importante non dimenticare di condire le nostre pietanze con oli sani (come quello extravergine di oliva) o con semi oleosi, frutta secca, avocado ed altre fonti di lipidi. Mangiare in modo sano, equilibrato e adeguato alle proprie necessità è la chiave per un benessere psico-fisico a lungo termine e questo modello è efficace proprio perché molto semplice da seguire.

Amici della frutta e della verdura

Consumare quotidianamente frutta e verdura, per un totale di cinque porzioni giornaliere, in particolare tre di frutta e due di verdura, è l'arma principale per aumentare l'apporto di sali minerali, vitamine e composti bioattivi, di fibra alimentare e di acqua. Organismi come la FAO e l'OMS ne consigliano il consumo per garantire una dieta che apporti numerosi benefici all'organismo in termini di idratazione, integrità cellulare e regolare transito intestinale.

La costante assunzione correla, inoltre, a un minor rischio di sviluppare diverse malattie croniche e svolge dunque effetti protettivi sulla nostra salute.

Ma frutta e verdura non sono tutte uguali, per questo è importante sceglierne diverse varietà e divertirsi nel creare sempre piatti coloratissimi. Ciascun frutto e ciascuna verdura sono caratterizzati dalla presenza principale solo di alcuni principi nutritivi (ad esempio l'arancia è ricca di vitamina C ed A ma non di K). Non solo non hanno lo stesso contenuto in vitamine e minerali, ma a variare è anche la presenza di sostanze bioattive indicate con il termine di "fitocomposti" (come flavonoidi, polifenoli, carotenoidi ecc..) che hanno azione antiossidante, antitumorale e antibiotica.

È possibile, infatti, raggruppare queste tipologie di alimenti in cinque colori principali:

- A) BIANCO → I composti fitochimici tipici di frutti e verdure bianche sono la "quercetina" e gli "isotiocianati". Si tratta di sostanze nemiche del tumore che aiutano a prevenire l'invecchiamento cellulare. Esempi di alimenti sono aglio, cipolla, porro, cavolfiore, sedano, finocchio, funghi, mele, pere.
- B) GIALLO-ARANCIO → Il composto fitochimico principale è il beta-carotene", ossia la provitamina A che nel nostro corpo viene convertita in vitamina A per contribuire al normale metabolismo del Ferro e al

corretto mantenimento del sistema visivo, del sistema immunitario e concorre al mantenimento della salubrità della pelle. Inoltre, soprattutto in specifici alimenti di questo colore, l'abbondanza di vitamina C conferisce un potente potere antiossidante. Esempi di alimenti sono albicocche, banane, arance, carote, clementine, kaki, limoni, mandarini, meloni, nespole, nettarine, peperoni, pesche, pompelmi e zucche.

C) ROSSO → Per la presenza di due composti fitochimici come il "licopene" e le "antocianine", agiscono come potenti antiossidanti. Non manca, anche qui, la vitamina C che aiuta a stimolare le difese immunitarie e ad incrementare l'assorbimento del ferro contenuto nei vegetali. Esempi di alimenti sono anguria, fragola, ciliegia, arancia rossa, ravanello, rapa rossa, pomodoro.

D) VERDE → Grande fonte di acido folico (vitamina B9) che previene l'incompleta chiusura del canale vertebrale nel feto durante la gravidanza e di magnesio per aiutare il metabolismo energetico, il funzionamento del sistema nervoso e di quello muscolare. Inoltre, la presenza di vitamina K permette di avere una corretta coagulazione del sangue. Esempi di alimenti sono cetrioli, agretti,

broccoli e broccoletti, rughetta, cima di rapa, bieta, asparagi, carciofi, cicorie, kiwi, zucchine, uva, spinaci.
E) BLU-VIOLA → Ricchi di "antocianine", contrastano la fragilità capillare. Esempi di alimenti sono radicchio, frutti di bosco, fichi, prugne, radicchio, cavolo cappuccio viola, barbabietola, melanzane, uva nera.

Un' ottima strategia è quella di utilizzare, giornalmente, due-tre colori sia per apportare benefici diversi all'organismo sia per goderci ogni giorno un pasto colorato e sempre diverso.

Integrale è meglio!

Il consumo di cereali integrali rientra nelle indicazioni di una dieta salutare. Dallo studio EPIC (European Prospective Investigation into Cancer Nutrition) emerge una stretta correlazione tra consumo di cereali integrali e migliore controllo del rischio cardio metabolico, obesità, colesterolemia, glicemia e diabete mellito di tipo 2. Nonostante i numerosi benefici, il consumo di cereali integrali tra la popolazione è nettamente inferiore rispetto a quelli raffinati.

Al momento della raccolta, i cereali sono composti da più strati, in particolare dalla crusca esterna (contenente fibra, vitamine del gruppo B, minerali e proteine), dall' endosperma o mandorla amilifera (contenente amido e proteine del glutine) e dal germe (contenente vitamina E, fitocomposti, vitamine del gruppo B, grassi salutari). È solo durante il processo di raffinazione che il cereale perde alcune delle sue componenti e di conseguenza molte delle sue caratteristiche, a seconda del grado di lavorazione a cui viene sottoposto.

Tra i componenti che si preservano evitando di raffinare il chicco dei cereali c'è la fibra alimentare. Si tratta di un "non nutriente", nel senso che non ha praticamente un valore energetico in termini di calorie, ma è un elemento importante del metabolismo. È costituita per la maggior parte da carboidrati complessi non digeribili e si trova nei cereali come pane, pasta e derivati, nei legumi, nella frutta e nella verdura. La fibra alimentare è un importante componente della dieta umana ed esercita effetti di tipo funzionale e metabolico. Oltre ad aumentare il senso di sazietà ed a migliorare le funzionalità intestinali e dei disturbi ad essa associati, l'introduzione giornaliera di fibra sembra ridurre il rischio di sviluppare importanti patologie cronico-degenerative e controllare meglio i picchi glicemici dopo aver consumato un pasto.

Se ne riconoscono due tipologie:

- Fibra solubile: si può sciogliere in acqua dove si trasforma in gel che aiuta a regolare l'assorbimento di alcuni nutrienti. Un esempio di fibra solubile è costituito dalle pectine che si trovano soprattutto nei legumi e nella frutta, in particolare in agrumi, mele, pere, prugne e uva, mentre la presenza nei cereali integrali è poco significativa.
- Fibra insolubile: non si scioglie in acqua ma è in grado di assorbirne molta, e agisce prevalentemente sul funzionamento del tratto gastrointestinale. Un esempio di fibra insolubile è la cellulosa, abbondante negli ortaggi e nelle verdure, nella frutta secca e nei cereali integrali che apportano oltre il 40% di fibra.

Il fabbisogno giornaliero di fibra stabilito dai LARN è di circa 30 g al giorno, di cui 2/3 dovrebbero essere rappresentati da fibre solubili e 1/3 da quelle insolubili. Per raggiungere questa quota è bene inserire nella propria dieta giornaliera significative quantità di alimenti vegetali, soprattutto di quelli integrali.

Se è vero che la fibra alimentare apporta numerosi benefici all'organismo, è vero anche che in alcune particolari situazioni se ne consiglia una riduzione della quantità. È il caso di soggetti con sindrome del colon irritabile, di chi ha intolleranze o allergie, di chi segue particolari terapie farmacologiche ed altri.

Non tutti i grassi vengono per nuocere

Capita molto spesso di demonizzare i grassi per paura di mettere su carne o di causare danni a livello metabolico. In realtà, i grassi alimentari rappresentano un'importante fonte per l'organismo umano e fungono da carburante per le attività vitali dell'organismo. Alcune funzioni corporee fanno affidamento sulla presenza di grassi: ad esempio le vitamine liposolubili richiedono proprio il grasso per potersi dissolvere nel sangue e coprire così i propri specifici ruoli.

Se è vero che un eccesso di grassi e calorie assunte con l'alimentazione porta ad un aumento del peso corporeo, è vero anche che occorre dividere i grassi in "buoni" e "cattivi". I primi, rappresentati dagli acidi grassi insaturi (monoinsaturi e poli-insaturi), sono quelli utili all'organismo e devono essere necessariamente assunti mentre i secondi, rappresentati dagli acidi grassi saturi trans e idrogenati, sono dannosi e nel tempo predispongono allo sviluppo di patologie come l'obesità, le dislipidemie, patologie cardiovascolari ed altre.

L'attenzione va riposta al consumo eccessivo di grassi:
- Saturi che, a temperatura ambiente, hanno una consistenza solida e si trovano in quantità elevata soprattutto negli alimenti di origine animale come lardo, panna, burro, strutto e salumi ad elevato contenuto di grassi;
- Trans che si formano o naturalmente o artificialmente tramite idrogenazione (il processo che trasforma un liquido in solido) come per le margarine.

Da diverse ricerche, emerge la loro correlazione con il rischio di patologie croniche e problemi a livello cardiovascolare.

Questi andrebbero sostituiti con grassi mono-insaturi e poli-insaturi, che contribuiscono ad aumentare i livelli di colesterolo "buono" (HDL). Questa ultima tipologia di grassi si presenta solitamente sotto forma di liquidi quando sono a temperatura ambiente: un esempio tipico è l'olio d'oliva, un prodotto fondamentale per la nostra dieta giornaliera.

Una tipologia di grassi poli-insaturi, chiamata acidi grassi omega-3, svolge una funzione benefica per il cuore, la funzionalità visiva e del sistema nervoso. Le principali fonti alimentari sono il salmone, la sardina, l'aringa, lo sgombro, i semi di lino, le noci ed altri. Oltre a questi, vanno anche considerati gli acidi grassi omega-6 presenti in alimenti come la soia, i semi di zucca, i semi di sesamo ed altri. Questi sono considerati antagonisti degli omega-3, per cui la presenza di acidi grassi omega 3 ed omega 6 deve essere sempre bilanciata ed a favore della classe omega-3 per non inibire i suoi preziosi benefici.

Ricorda di bere acqua

L'acqua è il principale costituente del corpo umano: in un individuo adulto di taglia media rappresenta circa il 60% del peso corporeo totale.

Si tratta a tutti gli effetti di un nutriente che all' interno del nostro organismo svolge molteplici funzioni come la regolazione della temperatura corporea, l'eliminazione di scorie metaboliche, la regolazione della densità del sangue e molti altri. La somma di tali attività è talmente importante che a differenza di altri nutrienti, l'acqua deve essere costantemente assunta per evitare di instaurare condizioni incompatibili con la vita.

Il quantitativo di acqua da assumere giornalmente per garantire al nostro organismo un equilibrio sia fisico che psicologico è di circa 2 litri per la donna e 2,5 litri per l'uomo. Ciò permette di andare a compensare i liquidi che fisiologicamente il nostro organismo espelle tramite le urine e la sudorazione e, in misura ridotta, tramite le feci e la respirazione. Si tratta di valori standard ma in realtà, anche in questo caso, il quantitativo consigliato deve essere personalizzato sulla base dell'età, del peso, dell'altezza, del livello di attività fisica, delle condizioni cliniche del soggetto in questione, della temperatura e del clima del luogo in cui si vive.

Questa sembra essere una quantità davvero difficile da raggiungere per molte persone: in realtà basterebbe assumere un bicchiere di acqua a colazione, due bicchieri a pranzo bicchieri e a cena e mezzo litro di acqua lontano dai pasti per raggiungere la quota desiderata. Inoltre, oppure assumere tisane ai più svariati gusti per renderla più appetibile.

In commercio, esistono diverse tipologie di acqua che possono essere suddivise come segue:

- Acque minimamente mineralizzate: hanno un residuo fisso minore di 50 mg/litro ed in genere vengono consumate per finalità specifiche (es. lassativa se presenta un elevato quantitativo di magnesio).
- Acque oligominerali: hanno un residuo fisso tra 50 e 500 mg/litro ed hanno un impiego di carattere generale.

- Acque minerali propriamente dette: hanno un residuo fisso tra 500 e 1500 mg/litro e vengono utilizzate per favorire funzioni fisiologiche come la diuresi e la digestione.
- Acque fortemente mineralizzate: hanno un residuo fisso maggiore di 1550 mg/litro e risultano utili per la preparazione ad esempio di integratori idrosalini.

Da precisare che, se è vero che la maggior parte della quota consigliata la assumiamo attraverso le bevande è anche vero che i cibi solidi (come frutta e verdura) e liquidi (come passate o brodi) ci aiutano molto. Non idratarsi correttamente e dunque andare incontro a disidratazione, compromette le funzionalità corporee e le performance cognitive. Garantire il costante apporto di acqua prevenendo il "senso della sete" è davvero importante e non va mai sottovalutato.

Sale e zuccheri semplici? Poco, grazie

Uno stile alimentare poco attento eccede facilmente nell'utilizzo di due prodotti: il sale e lo zucchero. Entrambi rappresentano un potenziale rischio per la nostra salute e per il nostro girovita, e dunque, un loro consumo ragionato è necessario per salvaguardare entrambi gli aspetti.

Il consumo di sale consigliato per un soggetto in condizioni fisiologiche normali si aggira intorno ai 0.25-1.5 g al giorno che equivale alla punta di un cucchiaino. Il sale contiene un elemento fondamentale per le funzionalità organiche che è il Sodio: in particolare ne contiene 0.4 g per 1 g di sale e la necessità per l'organismo si aggira intorno ai 0.1-0.6 g die. I cibi contengono naturalmente Sodio ed è dunque facile comprendere come l'uso smodato di sale sia inutile e ci esponga solamente al rischio di sviluppare patologie come l'ipertensione o la ritenzione idrica. Secondo linee guida dell'OMS, il consumo di sale per la popolazione generale dovrebbe essere inferiore ai 5 g al giorno (attualmente se ne consumano circa 12 g), quantitativo superiore rispetto al reale fabbisogno, ma che permette di mantenere il gusto a tavola riducendo comunque il rischio di malattie correlate. Attenzione, dunque, al sale aggiunto senza criterio nella cucina casalinga o direttamente a tavola, al sale presente nei prodotti trasformati e/o conservati sia artigianali che industriali. Lo stesso discorso vale per altri alimenti come dado da brodo, capperi, salsa di soia non a ridotto contenuto di sodio, ketchup, senape ed altri cibi conservati e precotti preparati dall'industria alimentare.

Il consumo giornaliero di zuccheri semplici in un'alimentazione equilibrata non dovrebbe superare il 15% dell'apporto energetico complessivo. Molti alimenti sono ricchi di zuccheri semplici: contenuti soprattutto in frutta, verdura, latte e yogurt apportano molti e preziosi nutrienti all'organismo. Bisogna, però, porre molta attenzione all'eccessivo uso di "zuccheri liberi", quelli cioè aggiunti agli alimenti ed alle bevande, soprattutto nei prodotti confezionati. È da rimarcare che un eccessivo consumo di zuccheri correla con il rischio di insorgenza di molteplici patologie quali il diabete mellito, l'obesità, le malattie cardiovascolari e la carie dentale.

In alcuni casi, può essere utile consumare alimenti alternativi per limitare il rischio di danni associati ad un abuso di sale e zucchero. In particolare:

- È possibile sostituire il sale con alternative naturali di vario genere come le spezie (pepe, peperoncino, paprika ecc..), le erbe aromatiche (basilico, prezzemolo, origano ecc..), cipolla e aglio, limone e arancia, vino e aceto ed altri.
- È possibile sostituire lo zucchero con dolcificanti naturali (aspartame, eritritolo, glicosidi della stevia, mannitolo ecc..). È da precisare che, anche

se oggigiorno il consumo dei dolcificanti è pratica molto comune, questi non sono indispensabili, neppure quando si seguono regimi alimentari ipocalorici anzi, la strategia migliore sarebbe quella di ridurre o eliminare l'utilizzo di zucchero e dolcificanti.

Le calorie vuote

Quelle che vengono definite come "calorie vuote" sono tutte quelle fonti di energia che non forniscono nutrienti utili all'organismo. Una dieta costituita dall' abbondante consumo di alimenti ricchi di calorie vuote, può portare a un aumento del peso inatteso e incontrollato, oppure a malnutrizione per carenza di nutrienti essenziali come vitamine e minerali. Questo perché "il centro della fame", localizzato nel sistema nervoso centrale a livello dell'ipotalamo, registrando l'ingresso di calorie prive di nutrienti, non fa sviluppare il senso di sazietà anzi spinge all'assunzione di ulteriori alimenti.

Inoltre, il loro consumo abituale può predisporre più facilmente allo sviluppo di disturbi di tipo metabolico come diabete mellito, ipertensione arteriosa, valori elevati di colesterolo e trigliceridi.

In genere si fanno rientrare nelle categorie alimenti come caramelle, gelatine, bibite zuccherate, molte bevande alcoliche ed in genere tutti quegli alimenti definiti come "junk food". Gli alcoolici, ad esempio, possiedono un elevato potere energetico (pari a 7 Kcal per grammo pari a circa 5,6 kcal per grado) ma non rappresentano un alimento indispensabile ed utile per le nostre funzionalità corporee.

Ad ogni stagione i suoi

Consumare prodotti freschi e di stagione garantisce la massima efficacia dei micronutrienti in essi contenuti, evitando di consumare prodotti di serra o provenienti da altri continenti con impatto ambientale poco sostenibile.

Si tratta di una scelta economica, ecologica, di gusto e salutare. Vediamo perché!

ECONOMICA: La frutta e la verdura fuori stagione sono il risultato di coltivazioni in serra che richiedono una illuminazione ed un riscaldamento artificiale e di conseguenza un massiccio consumo di combustibili fossili, o di raccolti da parti del mondo lontane dove il clima è più favorevole alla loro crescita con corpose spese per il trasporto e la conservazione (es. celle frigo).

ECOLOGICA: Mangiare secondo stagionalità permette di ridurre notevolmente l'impatto inquinante dei trasporti o dei fertilizzanti/pesticidi chimici di sintesi impiegati nei campi, oltre che a ridimensionare il dispendio di risorse energetiche e di energia pulita nelle serre. C'è, inoltre, da considerare che una pianta fatta crescere in maniera forzata e fuori la sua stagione sarà più debole e dunque più soggetta a trattamenti con antiparassitari.

DI GUSTO: Siete sicuri che un pomodoro in inverno abbia lo stesso sapore che d'estate? O che la zucchina a gennaio sia saporita? La mancanza del gusto è data principalmente dal fatto che per affrontare il viaggio del trasporto, la frutta e la verdura vengono raccolti prematuramente e quindi prima di poter sviluppare appieno le loro proprietà nutritive ed organolettiche.

SALUTARE: I prodotti di stagione garantiscono il meglio delle loro proprietà ed è per questo che mangiare di stagione vuol dire mangiare salutare ed in equilibrio con i ritmi della natura. Se consumati nel momento in cui avviene la loro naturale maturazione, i prodotti della terra offrono il massimo della loro qualità e dei loro nutrienti. Frutta e verdura raccolte prima del termine naturale del proprio ciclo di vita o al di fuori del proprio ambiente naturale perdono alcune delle loro proprietà. Lo stesso accade se intercorre molto tempo tra il momento della raccolta e quello del consumo: ecco perché si consiglia sempre di consumare frutta e ortaggi freschi per beneficiare appieno delle loro vitamine.

La tabella di seguito è un valido ausilio per la scelta stagionale di frutta e verdura.

GENNAIO	Arance, clementine, kiwi, limoni, mandarini, mele, pere, pompelmi	Bietole, carciofi, carote, broccoli, cavolfiori, cavoli, cicoria, finocchi, patate, radicchio, rape, spinaci, zucche
FEBBRAIO	Arance, clementine, kiwi, limoni, mandarini, mele, pere, pompelmi	Bietole, carciofi, carote, broccoli, cavolfiori, cavoli, cicoria, patate, radicchio, rape, spinaci, zucche
MARZO	Arance, kiwi, limoni, mele, pere, pompelmi	Asparagi, bietole, carciofi, carote, broccoli, cavoli, cicoria, cipolline, finocchi, insalata, patate, radicchio, rape, sedano, spinaci
APRILE	Arance, fragole, kiwi, limoni, mele, nespole, pere, pompelmi	Aglio, asparagi, bietole, carciofi, carote, cavolfiori, cavoli, cipolline, finocchi, insalata, patate, radicchio, ravanelli, sedano, spinaci
MAGGIO	Ciliegie, fragole, kiwi, lamponi, mele, meloni, nespole, pompelmi, pere	Aglio, asparagi, bietole, carote, cavolfiori, cavoli, cipolline, cicoria finocchi, insalata, patate, piselli,

		radicchio, ravanelli, sedano, spinaci
GIUGNO	Albicocche, amarene, ciliegie, fichi, fragole, lamponi, meloni, pesche, susine	Aglio, asparagi, bietole, carciofi, carote, cavoli, cetrioli, cicoria, fagioli, fagiolini, fave, insalate, melanzane, patate, peperoni, piselli, pomodori, radicchio, ravanelli, sedano, zucchine
LUGLIO	Albicocche, amarene, anguria, ciliegie, fichi, fragole, lamponi, meloni, mirtilli, pesche, prugne, susine	Aglio, bietole, carote, cavoli, cetrioli, cicoria, fagioli, fagiolini, fave, insalate, melanzane, patate, peperoni, pomodori, radicchio, ravanelli, sedano, zucchine
AGOSTO	Angurie, fichi, fragole, lamponi, mele, meloni, mirtilli, pere, pesche, prugne, susine, uva	Aglio, siete, carote, cavoli, cetrioli, cicoria, fagioli, insalata, melanzane, patate, peperoni, pomodori, radicchio, ravanelli, sedano, zucche, zucchine
SETTEMBRE	Fichi, lamponi, mele, meloni, mirtilli, pere, pesche, prugne, susine, uva	Aglio, bietole, carote, broccoli, cavoli, cetrioli, cicoria, fagioli, fagiolini, insalate, melanzane, patate, peperoni, pomodori, radicchio, ravanelli, sedano, spinaci, zucche, zucchine
OTTOBRE	Clementine, kaki, lamponi, limoni, mele, pere, uva, castagne	Aglio, bietole, carote, broccoli, cavolfiori, cavoli, cicoria, finocchi, insalate, melanzane, patate, peperoni, radicchio, rape, ravanelli, sedano, spinaci, zucche

NOVEMBRE	Arance, castagne, clementine, kaki, kiwi, limoni, mandarini, mele, pere, pompelmi, uva	Aglio, siete, carote, broccoli, cavolfiori, cavoli, cicoria, finocchi, insalate, patate, radicchio, rape, sedano, spinaci, zucche
DICEMBRE	Arance, castagne, clementine, kaki, kiwi, limoni, mandarini, mele, pere, pompelmi, uva	Bietole, carote, broccoli, cavolfiori, cavoli, cicoria, finocchi, insalate, patate, radicchio, rape, spinaci, zucche

La carta d'identità dei cibi

Per nutrirsi bene bisogna conoscere ciò che si mangia e lo strumento più immediato che abbiamo a disposizione è l'etichetta alimentare. Si tratta di una vera e propria "Carta d'identità" dell'alimento confezionato che ci permette di fare scelte sane e consapevoli. Ma dobbiamo essere in grado di comprenderla veramente, in fondo *"Siamo ciò che mangiamo" (Feuerbach L.)*.

Secondo un requisito fissato dall'Unione Europea, tutti gli alimenti confezionati e immessi in commercio devono essere provvisti di etichette informative in cui siano riportate diverse indicazioni per garantire una totale chiarezza ed il divieto verso qualunque tipo di illusione qualitativa e nutrizionale.

Nel complesso, l'etichetta deve citare: la denominazione di vendita, l'elenco degli ingredienti, il termine minimo di conservazione o la data di scadenza, la quantità netta o nominale di produzione o confezionamento, le modalità di conservazione e/o utilizzo, il lotto di appartenenza, gli ingredienti e le loro quantità, il grado alcoolico effettivo per le bevande che contengono più di 1.2% di alcol in volume, la dichiarazione nutrizionale, la sede dello stabilimento, il nome o ragione sociale o il marchio del fabbricante, la sede del fabbricante o confezionatore o venditore residenti in UE.

Di seguito, alcuni consigli che possono aiutare a fare scelte consapevoli:

  a) Termine minimo di conservazione o data di scadenza.

  Sulle confezioni è possibile rinvenire la dicitura "data di scadenza" o "termine minimo di conservazione" per informare il consumatore circa la durabilità e le condizioni di conservazione dell'alimento. Scendendo più nel dettaglio, trovare scritto "da consumarsi entro il" o "da consumarsi preferibilmente entro il" non stanno ad indicare la stessa cosa. La prima, raccomanda di consumare l'alimento entro una certa data, oltre la quale lo stesso non è più sicuro e potrebbe arrecare danni alla salute di chi lo consuma. La seconda, invece, è piuttosto inerente alla qualità degli alimenti: se si rispettano le condizioni di conservazione indicate, l'alimento potrà essere consumato anche oltre la data di scadenza, presentando talvolta sapore o consistenza diversa ma rappresentando comunque una alternativa sicura per chi lo ingerisce riducendo lo spreco alimentare.

b) Elenco degli ingredienti.

L'ordine con cui vengono riportati gli ingredienti in etichetta non è casuale ma, per legge, questi devono essere indicati in ordine decrescente di quantità. Ciò vuol dire che il primo ingrediente della lista sarà quello presente in percentuale maggiore, il secondo avrà una percentuale maggiore del terzo e così via. Questo permette di farci un'idea anche di quanto elaborato sia l'alimento che vogliamo assumere: ricordate che meno ingredienti ci sono e più lo standard qualitativo del prodotto sarà elevato.

È importante che gli allergeni, ossia quelle sostanze (antigene) che se inalate o mangiate provocare allergie e intolleranze, siano scritti con dimensioni, stile o colore di sfondo diverso per catturare l'attenzione del consumatore e salvaguardare la salute di chi ne soffre.

c) La dichiarazione nutrizionale.

Ci indica quali e quanti nutrienti sono presenti nel prodotto ossia la ripartizione di carboidrati, proteine, grassi, fibre, sodio e vitamine oltre il contenuto calorico ed energetico fornito. È bene considerare e ricordare sempre che i quantitativi di nutrienti indicati sono sempre rappresentativi per 100g o 100ml di prodotto alimentare e non sono riferiti al quantitativo presente nella confezione, per il quale sarà opportuno effettuare un rapporto dei valori sulla base dello specifico quantitativo. Possono anche essere espressi per porzione e/o per unità di consumo se questa è chiaramente indicata sulla confezione.

Vediamo nel dettaglio.

<u>VALORE ENERGETICO</u>: viene espresso in Kcal (chilocalorie) o Kj (chilo joule) ed indica l'energia fornita da 100g di alimento. Il valore energetico di un alimento permette di comprendere se si tratta di un cibo ipo o ipercalorico. Pur rappresentando un parametro importante che aiuta a comprendere l'aspetto salutistico di un alimento, le calorie sono soltanto uno dei parametri da tenere in considerazione: è tanto importante soffermarsi sull'apporto calorico di un prodotto (poiché non sempre è utile per comprenderne la qualità nutrizionale) quanto è importante capire da quali nutrienti derivano le calorie citate.

<u>CARBOIDRATI</u>: è obbligatorio specificare il contenuto in carboidrati e in zuccheri per 100 grammi di alimento. Più raramente viene riportata anche la percentuale o il contenuto in grammi di amidi e polialcoli. L'Attenzione, su queste voci, deve ricadere sul contenuto in

zuccheri in quanto è bene controllarne il contenuto assunto giornalmente.

GRASSI: viene sempre riportato il contenuto in grassi e grassi saturi per 100 grammi di alimento. Più raramente è specificata la percentuale o il contenuto in grammi di grassi insaturi, polinsaturi, acidi grassi trans e colesterolo.

PROTEINE: è sempre riportato il contenuto in proteine per 100 grammi di alimento.

FIBRE: Sulle etichette nutrizionali viene sempre riportato il contenuto in fibra totale, solubile e insolubile per 100 grammi di alimento.

SODIO: Sulle etichette nutrizionali viene sempre riportato il contenuto in sodio per 100 grammi di alimento.

VITAMINE E SALI MINERALI: sono riportati solo se presenti in quantità significative. Oltre al contenuto assoluto, che può essere espresso in milligrammi (mg) o microgrammi (µg), deve essere sempre indicato il riferimento percentuale alla razione giornaliera raccomandata (RDA).

d) La conservazione.

Serve per consentire una conservazione o un uso adeguato degli alimenti prima del loro consumo, anche dopo l'apertura della confezione.

CAPITOLO 3

IL CIBO AMICO

Una corretta alimentazione non è quella che mette a rischio il nostro rapporto con il cibo o che ci allontana da esso con paura ma, essendo l'atto dell'alimentarsi un automatismo innato determinato dalla spinta pulsionale alla vita, va vissuto con naturalezza e serenità.

Quello che bisogna imparare a fare è prendere consapevolezza di ciò che può far bene o può far male alla salute o, perché no, al girovita, e creare il giusto equilibrio negli introiti e consumi alimentari.

Le proprie scelte a tavola sono fondamentali per il benessere sia fisico che psicologico: mangiare non vuol dire solo nutrire le proprie esigenze biologiche, ma vuol dire anche nutrire la mente e l'anima. Il cibo, infatti, veicola intensi significati sociopsicologici e le nostre abitudini alimentari rappresentano in maniera specifica e significativa il nostro essere ed il nostro stare al mondo.

Mangiare è convivialità, condivisione, un momento fondamentale in cui lo scambio di sapori, di profumi e di interessi ci mettono in rapporto con gli altri. Rappresenta uno dei momenti più alti del vivere comune che solidifica e dà equilibrio alle relazioni primarie.

Purtroppo, però, il cibo viene spesso demonizzato e riuscire a creare un rapporto sano e sereno con la nostra primaria fonte di sostentamento non è davvero un percorso semplice e scontato.

Quando si instaura una relazione disarmonica con il cibo, è facile non riuscire più a comprendere il vero significato del mangiare: questo diventa, infatti, o una fonte di consolazione oppure un nemico da evitare o di cui liberarsi perdendo così di vista la sua utilità sia dal punto di vista biologico, che psicologico. In ogni caso, si viene a rompere quell'equilibrio e quel piacere che apprendiamo sin dalla nostra nascita con il mezzo che più di tutti ci tiene in vita.

Certamente è possibile fermarsi un attimo e cercare di analizzare come viviamo quotidianamente la nostra alimentazione, pensare a come correggere il tiro laddove capiamo di avere problemi con quello che, in realtà, dovrebbe essere il nostro migliore amico. Ma non è così semplice.

L'abbuffata o, al contrario, la restrizione alimentare vengono elaborati infatti come risposta vantaggiosa finalizzata al mantenimento di un equilibrio personale, al quale è difficile solo pensare di rinunciare. Questo porta inevitabilmente, però, ad instaurare un "rapporto malato" che richiede cure specifiche ed attenzione al fine di non influenzare, oltre che lo stato di salute, i rapporti interpersonali e sociali poiché intensamente veicolati dal cibo e dall'alimentazione.

Condividere una cena con i familiari, mangiare un dolce con i nostri amici o prendere a morsi un trancio di pizza mentre si passeggia nella città preferita, per molte persone è impensabile: è, ad esempio, la paura dello "sgarro" o dell'incapacità di sapersi fermare a far emergere quel senso di angoscia e colpa che spesso spingono all'isolamento sociale.

Questo è soltanto uno dei tanti risvolti che portano con sé i disturbi alimentari, ormai oggi frequenti tra la popolazione soprattutto adolescenziale ma anche adulta.

Volersi bene vuol dire prendersi cura di sé stessi sotto molti punti di vista, alimentare, sociale, psicologico, fisico.

Per farlo è utile analizzare insieme come i nostri sensi sono una delle tantissime armi che la natura ci ha messo a disposizione per familiarizzare correttamente ed avere un rapporto sano con il cibo.

CAPITOLO 4

MANGIA CON I SENSI

Alimentarsi (inteso come assumere il cibo necessario all'organismo per le sue funzioni) e nutrirsi (ovvero un sano e regolare apporto di principi nutritivi essenziali a favorire salute e benessere), ricoprono la funzione biologica più importante per il sostentamento alla vita.

Si tratta di attività che richiedono compartecipazione ed impegno e coinvolgono in maniera totale sia il corpo che la mente: entrambi, infatti, ci guidano ed assistono nella scelta di quando e quanto mangiare, del tipo di cibo da consumare, nella sua preparazione e, per finire, nel suo consumo.

Sappiamo già che quando si parla di "dieta" molto spesso si tende ad associare il termine a "privazione, sacrificio e conta delle calorie" necessari a raggiungere gli obiettivi estetici, il peso ideale e lo stato di salute desiderati. Non è così, o meglio, non deve essere così! Se è vero che una buona alimentazione è sinonimo di miglior salute, è vero anche che consumare cibo è un insostituibile momento di piacere.

L'atto del mangiare rappresenta un'esperienza unica e completa dove tutti i sensi (vista, gusto, tatto, olfatto e udito) entrano in gioco, ognuno con uno specifico ruolo, ma in relazione con gli altri. Le sensazioni positive che ci donano i colori, i suoni, la consistenza, l'odore ed il gusto del cibo sono nutrimento sia per il corpo che per la mente, e possono donare gioia e soddisfazione. D'altronde è proprio con l'utilizzo dei sensi che l'uomo prende coscienza della propria vita.

La vista è il primo dei sensi ad esserne coinvolto: la percezione visiva, infatti, gioca un ruolo chiave nella nostra alimentazione e nel nostro rapporto con il cibo e ci prepara, ancor prima di mangiare, ad accoglierlo, stimolando in primis la produzione della saliva (cd. acquolina in bocca) e dei succhi gastrici che preparano lo stomaco alla digestione. L'aspetto, la disposizione delle pietanze nel piatto e l'accostamento di vari colori e forme, attirano la nostra curiosità innescando un meccanismo di forte aspettativa. Rendere bello il piatto e l'ambiente (ad esempio apparecchiando con cura anche quando si è soli) aumenta il piacere di stare a tavola: d'altro canto, gli occhi sono anche in grado di comunicare con la mente e preparare dei pasti colorati e con cibi di diverse forme in piatti da portata più piccoli, oltre a gratificarci, riesce a colmare la richiesta di assunzione del cibo, permettendoci di non esagerare con le dosi.

Il gusto e l'olfatto, invece, hanno il compito di farci avvicinare o allontanare da uno specifico alimento o piatto: sicuramente uno profumato e/o con sapore gradevole sarà consumato con più interesse, al contrario di uno con odore e/o sapore sgradevoli. La masticazione è un altro importante elemento legato alla buona alimentazione: masticare bene contribuisce a iniziare nel migliore dei modi la digestione e consente di assaporare e gustare ciò che si mangia. Senza contare che più si mastica, più tempo a disposizione c'è per trasmettere al cervello il senso di sazietà. Il sapore e l'odore degli alimenti, inoltre, hanno grande impatto sul nostro umore: ad esempio consumare cibi dolci ci appaga, quelli salati tirano su l'umore, il cioccolato ci rende felici ecc…

Anche il tatto e l'udito svolgono un ruolo nell'atto del mangiare: il tatto ci permette di conoscere la consistenza del pasto (non solo con le mani, ma anche con i denti), la lingua e il palato ci aiutano a valutarne la densità, la temperatura, croccantezza e succosità. L'udito, che può sembrare il senso meno coinvolto, può, invece, donarci piacevoli sensazioni sulla base dei rumori provenienti sia dall'ambiente (come l'acqua che bolle, l'olio che frigge, il tintinnio dei bicchieri ecc.) che, ad esempio, dal morso di una mela o dal consumo di uno snack.

Tutti e cinque i sensi sono dunque fondamentali alla nostra alimentazione e relazione con il cibo e utilizzandoli correttamente saremo incoraggiati a consumare le quantità non tanto sulla base del senso di fame, quanto piuttosto sulla base della nostra aspettativa di piacere.

È dunque importante e giusto dedicare cura e attenzione alla preparazione dei pasti cercando di renderli belli, completi ed equilibrati in tutti i suoi componenti.

Il cambiamento dello stile alimentare e di vita deve prevedere senza dubbio un coinvolgimento pratico ma soprattutto interiore, per comprendere al meglio i benefici a tutto tondo di una cucina sana e gustosa e diventando, così, i veri protagonisti della propria alimentazione.

Occorre imparare a creare il proprio pasto proprio come un pittore dipinge la sua tela. Ed in più, a variarla sempre.

Nella seconda parte del presente libro saranno presenti 150 ricette sane e gustose suddivise per categoria tra colazioni, spuntini, piatti unici, primi piatti, secondi piatti, contorni, lievitati e dolci. Rappresentano un valido aiuto per gestire la propria alimentazione aumentando la fantasia a tavola e rendendo più colorata e meno noiosa la giornata alimentare.

Sulla base del rispetto della stagionalità e della corretta gestione alimentare, di seguito troverete due esempi di menù giornalieri per la stagione primaverile-estiva e due esempi per la stagione autunnale-invernale.

Potranno aiutarvi a comprendere come strutturare una giornata alimentare in maniera equilibrata e gradevole, senza rinunciare al gusto.

Si specifica che le indicazioni sono generiche e non tengono conto di preferenze personali ed eventuali condizioni cliniche.

MENÙ
AUTUNNO-INVERNO

COLAZIONE
Porridge di quinoa
Tisana

SPUNTINI
MATTINA: Stick di ceci
POMERIGGIO: Crema di castagne su pane integrale tostato

PRANZO
Zuppa di ceci, zucca e cavolfiore
Patate
Olio EVO

CENA
Pollo al pompelmo
Minestrone profumato
Crostini di pane
Olio EVO

MENÙ
AUTUNNO-INVERNO

COLAZIONE

Pane tostato con banana, burro di arachidi e semi di chia.

SPUNTINI

MATTINA: Biscotti ai datteri

POMERIGGIO: Palline energetiche datteri e pistacchi

PRANZO

Fettuccine di castagne
Ricotta di mucca
Verdure
Olio EVO

CENA

Polpettine al limone
Vellutata cavolfiore e barbabietola
Patate
Olio EVO

MENÙ
PRIMAVERA-ESTATE

COLAZIONE

Piña Colada
porridge

SPUNTINI

MATTINA: Delizia di yogurt e frutta di stagione

POMERIGGIO: Magnum bianco

PRANZO

Pasta fredda speck e noci
Verdure
Olio EVO

CENA

Insalata mango e gamberetti
Pane integrale alle olive
Olio EVO

MENÙ
PRIMAVERA-ESTATE

COLAZIONE

Frullato di fragole
e semi di lino
Cereali integrali

SPUNTINI

MATTINA: Healthy smoothie

POMERIGGIO: Focaccia ai fichi.

PRANZO

Riso venere profumato
Rotolini estivi di tacchino
Verdure
Olio EVO

CENA

Persico con zucchine e pomodorini
Gateau di patate e indivia belga
Olio EVO

PARTE 2

Ricette elaborate da Federica Cesino
e
consigli nutrizionali della Dott.ssa Erica de Angelis

CUCINIAMO INSIEME

Una corretta alimentazione non significa rinunciare al gusto ma sapersi approcciare bene al cibo per poter combinare tra loro ingredienti e creare piatti meravigliosi.

Si dice che si mangia prima con gli occhi e proprio per questo le ricette che troverete all'interno di questo capitolo, oltre ad essere appetitose e sane, sono anche ben impiattate con l'utilizzo della "semplicità".

Pensiamo fermamente che cucinare sia un momento piacevole, di creatività e di amore verso sé stessi e che l'ingrediente principale debba essere la conoscenza del mangiare sano perché noi *"siamo ciò che mangiamo"*.

Quindi bando alle ciance! Divertitevi a replicare le nostre ricette: dalle colazioni agli spuntini, dai piatti unici a primi e ai secondi per finire con i contorni, i dolci, i lievitati… e non dimenticatevi di scoprire le ricette bonus!

Ricordatevi sempre:

"MANGIA BENE- MANGIA SALUTARE!"

Prima di iniziare, ecco alcune precisazioni:
- Gli ingredienti sono tutti di facile reperibilità sia in negozi fisici che online ed i dolcificanti utilizzati in alcune ricette, come ad esempio l'eritritolo, possono essere sostituiti da quelli che più preferite;
- Non abbiamo specificato una quantità per il sale o per alcune spezie, perché riteniamo che sia a gusto personale: tuttavia, si consiglia di non esagerare con il sale per preservare il proprio stato di salute;
- Le porzioni sono standard e non tengono conto della personalizzazione dei fabbisogni o della presenza di eventuali condizioni cliniche; inoltre, non tiene conto dei gusti personali e del grado di tollerabilità in caso di patologie;
- Per ogni ricetta è specificato il numero di persone a cui si riferisce la preparazione ed il contenuto medio in macronutrienti e calorie (sotto la voce "macros");
- Le ricette sono pensate per la popolazione generale, tuttavia la legenda potrà aiutarvi nel comprendere se una ricetta è adatta o meno alle vostre esigenze ed ai vostri gusti.

- Ricetta adatta ai soggetti vegani
- Ricetta adatta ai soggetti intolleranti al lattosio
- Ricetta per soggetti celiaci o intolleranti al glutine
- Ricetta per soggetti allergici al nichel
- Ricetta chetogenica

Inoltre, alla fine del libro troverete un'appendice di alcune delle ricette ed il relativo link per cucinare insieme alcune di esse.

COLAZIONI

CICCIO PANCAKE CON CUORE DI PISTACCHIO

INGREDIENTI (x 1 persona)

- 40g farina di avena;
- 100g albume;
- 2 cucchiai yogurt greco bianco zero grassi;
- 1 cucchiaio sciroppo d'acero;
- 1 cucchiaino ricotta light;
- 1 cucchiaino crema al pistacchio senza glutine;
- 2g lievito per dolci;
- granella pistacchi q.b.

MACROS

249 kcal
Grassi Totali: 7,05g
Colesterolo: 1mg
Sodio: 283mg
Carboidrati Totali: 26,12g
Fibra alimentare: 2,0g
Zuccheri: 18,31g
Proteine: 20,02g

PROCEDIMENTO

01 Mescolate la ricotta light con la crema di pistacchio. Mettetela in degli stampini per ghiaccio e congelatela;

02 Mescolate la farina di avena con l'albume. Aggiungete il lievito, lo yogurt, lo sciroppo d'acero e mescolate ancora;

03 Mettete il composto in un pentolino da 10 cm e cuocete a fuoco basso per 15 minuti;

04 A metà cottura, aggiungete la pallina di ricotta e pistacchio congelata all'interno;

05 A fine cottura girate dall'altro lato e fate cuocere per 2 minuti. Poi servite il ciccio pancake con yogurt greco bianco e granella di pistacchi.

OVERNIGHT BOUNTY PORRIDGE

INGREDIENTI (x 1 persona)

- 40g fiocchi di avena;
- 240ml acqua;
- 1 cucchiaio cacao amaro;
- 1 cucchiaio sciroppo d'acero;
- 100g yogurt greco bianco zero grassi;
- 1 cucchiaio cocco rapè;

MACROS

331 kcal
Grassi Totali: 10,08g
Colesterolo: 0mg
Sodio: 114mg
Carboidrati Totali: 43,89g
Fibra alimentare: 7,8g
Zuccheri: 17,29g
Proteine: 17,04g

PROCEDIMENTO

01 Cuocete i fiocchi di avena in un pentolino con l'acqua fino a raggiungere la consistenza desiderata;

02 Nel frattempo preparate la cremina fit al cacao mescolando il cacao amaro con lo sciroppo d'acero ed 1 cucchiaio di acqua;

03 Una volta pronti i fiocchi di avena, aggiungete lo yogurt, il cocco rapè e mescolate il tutto;

04 Aggiungete la cremina al cacao e riponete in frigo per tutta la notte;

05 Servite il porridge con una spolverata di cocco rapè e gustate.

COLAZIONE SALATA: 2 IDEE GOLOSE

INGREDIENTI (x 1 persona)

IDEA 1:
- 40g pane tostato senza glutine;
- 1/2 banana;
- 1 cucchiaino burro di arachidi;
- semi di chia spolverata.

IDEA 2:
- 40g pane tostato senza glutine;
- 40g avocado;
- 1 uovo;
- sale,

MACROS

IDEA 1: 220 kcal
Grassi Totali: 7,09g
Colesterolo: 0mg
Sodio: 39mg
Carboidrati Totali: 35,01g
Fibra alimentare: 6,9g
Zuccheri: 9,29g
Proteine: 4,76g

IDEA 2: 224 kcal
Grassi Totali: 11,56g
Colesterolo: 186mg
Sodio: 65mg
Carboidrati Totali: 21,53g
Fibra alimentare: 5,7g
Zuccheri: 1,93g
Proteine: 7,67g

LACTOSE FREE

PROCEDIMENTO

01 Per l'idea 1, spalmate il burro di arachidi sul pane tostato. Aggiungete la 1/2 banana tagliata a fettine e spolverate con semi di chia;

02 Per l'idea 2, scaldate la padella antiaderente. Cuocete l'uovo e aggiungete il sale. A cottura terminata, mettete sul pane tostato l'avocado a fettine, il sale e l'uovo.

MUG CAKE FIT

INGREDIENTI (x 1 persona)

- 15g farina di avena;
- 10g cacao amaro;
- 50ml albume;
- 50ml latte di mandorle;
- 20g eritritolo;

MACROS

59 kcal
Grassi Totali: 1,53g
Colesterolo: 0mg
Sodio: 102mg
Carboidrati Totali: 26,43g
Fibra alimentare: 2,1g
Zuccheri: 1,99g
Proteine: 7,15g

LACTOSE FREE

PROCEDIMENTO

01 Mettete in una tazza la farina di avena con il cacao;

02 Aggiungete l'albume, mescolate; poi unite il latte di mandorle. Mescolate ancora e infine aggiungete l'eritritolo;

03 Cuocete in microonde per 2 minuti;

04 Spolverate con cocco rapè e gustate.

TORTINO IN TAZZA

INGREDIENTI (x 1 persona)

- 5 cucchiai latte di riso;
- 1 cucchiaino olio e.v.o.;
- 50g farina di riso;
- 1/2 mela;
- 1 cucchiaino lievito per dolci.

MACROS

294 kcal
Grassi Totali: 7,67g
Colesterolo: 0mg
Sodio: 365mg
Carboidrati Totali: 54,35g
Fibra alimentare: 1,9g
Zuccheri: 9,29g
Proteine: 3,73g

PROCEDIMENTO

01 Frullate la mela;

02 Mescolate in una tazza la mela con la farina di riso, il lievito, l'olio, il latte di riso;

03 Cuocete in microonde per 2 minuti.

DELIZIA AL CACAO

INGREDIENTI (x 1 persona)

- 100ml albume;
- 50g latte di vacca;
- 5g cacao amaro;
- 5g cocco rapè;
- 20g noci tritate;
- 25g pere senza buccia;
- 20g eritritolo.

MACROS

276 kcal
Grassi Totali: 18,54g
Colesterolo: 4mg
Sodio: 193mg
Carboidrati Totali: 30,51g
Fibra alimentare: 4,2g
Zuccheri: 6,66g
Proteine: 17,05g

PROCEDIMENTO

01 Stemperate a parte il cacao nel latte tiepido;

02 Mescolate gli albumi con il latte, il cacao e l'eritritolo;

03 Ungete una padella antiaderente con l'olio di cocco e riscaldatela;

04 Aggiungete in padella l'impasto e cuocete fin quando ottenete una crepe;

05 Mettete la crepe nel piatto, aggiungete la pera tagliata a fettine sottili, una parte delle noci e del cocco; chiudetela a ventaglio e decorate con le noci restanti, il cocco rapè e cacao amaro.

LO SAPEVI CHE?

L' albume rappresenta la parte più ricca in proteine dell'uovo ma queste ultime si trovano anche, in minor misura, nel tuorlo. Nell'albume sono presenti, oltre alle proteine, acqua, sali minerali, vitamine (gruppo B) e glucidi.

PANE KETO

INGREDIENTI

- 34g farina di mandorle;
- 34g farina di semi di lino;
- sale;
- 4g lievito per salati;
- 2 uova;
- 100g albume;
- 30g xilitolo;
- 1 cucchiaio aceto;
- 1 cucchiaio olio e.v.o.

MACROS

125 kcal a porzione (6 porzioni in totale)
Grassi Totali: 9,1g
Colesterolo: 62mg
Sodio: 49,83mg
Carboidrati Totali: 4,51g
Fibra alimentare: 1,3g
Zuccheri: 3,49g
Proteine: 6,20g

LACTOSE FREE

PROCEDIMENTO

01 Mescolate in una ciotola gli ingredienti secchi e in un'altra quelli liquidi;

02 Mescolate poi i liquidi con quelli secchi;

03 In una teglia rivestita da carta da forno, mettete il composto e coprite con altra carta da forno. Cuocete a 180° per 30 minuti;

04 Rimuovete la carta da forno superiore e cuocete per altri 10 minuti;

05 Accompagnate a piacere.

SCRIGNO DI SPIRULINA

INGREDIENTI (x 1 persona)

- 50g fiocchi d'avena;
- 1/2 banana;
- 1/2 cucchiaino lievito per dolci;
- 1 cucchiaio sciroppo d'acero;
- 1 cucchiaino spirulina in polvere;
- 100ml acqua;
- 1 cucchiaio crema cioccolato bianco zero zuccheri;
- Olio di cocco q.b.;
- 5g formella weetabix (facoltativa)

MACROS

394 kcal
Grassi Totali: 9,97g
Colesterolo: 0mg
Sodio: 165mg
Carboidrati Totali: 67,61g
Fibra alimentare: 6,4g
Zuccheri: 23,38g
Proteine: 11,12g

VEGAN

PROCEDIMENTO

01 Frullate tutti gli ingredienti tranne il weetabix e la crema al cioccolato;

02 Mettete metà del composto in uno stampino da forno oliato con olio di cocco;

03 All'interno mettete la crema al cioccolato bianco zero zuccheri e coprite con l'altra metà del composto;

04 Infornate a 200° per 15 minuti;

05 Decorate a piacere (come ho fatto io, ho utilizzato la formella di weetabix sbriciolata).

LO SAPEVI CHE?

La spirulina è un'alga alla quale vengono attribuite molte proprietà salutistiche tanto da essere definita un "supercibo". Contiene tutti gli elementi nutritivi di cui necessita l'organismo, compresi gli otto amminoacidi essenziali!

PANCAKES ALLA BANANA

INGREDIENTI (x 1 persona)

- 1 banana;
- 3 cucchiai farina integrale;
- 1 cucchiaino sciroppo d'acero;
- 1 cucchiaio olio di cocco;
- 4 cucchiai latte di soia;
- 1g lievito.

MACROS

368 kcal
Grassi Totali: 11,95g
Colesterolo: 0mg
Sodio: 25mg
Carboidrati Totali: 60,79g
Fibra alimentare: 6,9g
Zuccheri: 26,74g
Proteine: 6,83g

VEGAN — LACTOSE FREE

PROCEDIMENTO

01 Schiacciate la banana con una forchetta;

02 Aggiungete la farina integrale, lo sciroppo d'acero, il latte di soia e il lievito. Mescolate il tutto;

03 Oliate una padella con l'olio di cocco e riscaldatela;

04 Mettete un mestolo del composto e fate cuocere per 2 minuti (vedrete formarsi delle bollicine in superficie). Girate dall'altro lato e fate cuocere per altri 2 minuti;

05 Fate lo stesso con il resto del composto. Decorate a piacere i vostri pancakes.

PORRIDGE DI QUINOA

INGREDIENTI (x 2 persone)

- 80 gr di quinoa;
- 200ml di latte cocco;
- 2 cucchiai sciroppo d'acero;
- 2 cubetti di cioccolato fondente 90%;
- 5g cacao amaro;
- 6 fragole:
- Cannella:
- Granella di pistacchio.

MACROS

299kcal a porzione
Grassi Totali: 7,41g
Colesterolo: 0mg
Sodio: 56mg
Carboidrati Totali: 51,72g
Fibra alimentare: 7,6g
Zuccheri: 22,11g
Proteine: 6,50g

VEGAN — LACTOSE FREE

PROCEDIMENTO

01 Cuocete la quinoa nel latte di cocco con lo sciroppo d'acero e il cacao fin quando assorbe tutto il liquido;

02 Quando è pronta, servitela in due ciotole. Aggiungete il cioccolato fondente grattugiato con un coltello, la cannella, le fragole a fettine e una spolverata di granella di pistacchio.

DONUTS LIGHT

INGREDIENTI (x 12 ciambelline)

- 180g latte di soia;
- 265g farina manitoba;
- 2g lievito di birra fresco;
- 50g eritritolo (o altro dolcificante);
- 30g olio di cocco.

MACROS

104,25kcal ogni ciambellina non decorata
Grassi Totali: 3,01g
Colesterolo: 0mg
Sodio: 8,33mg
Carboidrati Totali: 19,95g
Fibra alimentare: 0,75g
Zuccheri: 0,40g
Proteine: 3,55g

VEGAN · LACTOSE FREE

PROCEDIMENTO

01 Mescolate in un pentolino a fuoco basso 75g latte di soia con 15g di farina manitoba fino ad addensamento;

02 Mettete l'impasto ottenuto in frigorifero. Nel frattempo, sciogliete il lievito nel latte tiepido;

03 Mescolate la restante farina con l'eritritolo, l'olio di cocco, il latte con il lievito e l'impasto che avevate messo in frigo. Impastate e fate lievitare per 2 ore;

04 Riprendete l'impasto, formate 12 palline, schiacciatele leggermente formando dei dischetti e mettetele negli stampini. Lasciate lievitare per 1 ora poi infornate a 180° x 12 minuti;

05 Decorate le vostre ciambelline a piacere. Noi abbiamo utilizzato la cremina al cacao con un cucchiaio di acqua, uno di sciroppo d'acero ed uno di cacao amaro, cocco rapè e altre creme zero zuccheri/grassi.

MINI CHEESECAKE AL LIMONE

INGREDIENTI (x 1 persona)

- 50g yogurt greco al limone zero grassi;
- 1 cucchiaino Philadelphia light;
- 1 formella di Weetabix;
- 1 cucchiaio latte di soia;
- 1 cucchiaio di miele.

MACROS

134 kcal
Grassi Totali: 1,61g
Colesterolo: 0mg
Sodio: 46mg
Carboidrati Totali: 21,35g
Fibra alimentare: 2,1g
Zuccheri: 6,82g
Proteine: 7,42g

PROCEDIMENTO

01 Sbriciolate la formella di Weetabix e mescolatela con il latte di soia e il miele. Mettetela in un coppapasta;

02 Mescolate lo yogurt al limone con il Philadelphia e aggiungetelo nel coppapasta.

03 Riponete in frigo per un paio di ore. Prima di servire, rimuovete il coppapasta e decorate con una fettina di limone.

LO SAPEVI CHE?

I Weetabix sono delle formelle di frumento integrale contenenti un' alta percentuale di fibre e proteine ed un contenuto ridotto di grassi e zuccheri.

WAFFLE LIGHT

INGREDIENTI (x 1 persona)

- 10g farina di riso;
- 30g farina di avena;
- 120g albume;
- 50g banana;
- 50g yogurt greco bianco zero grassi;
- 4g lievito per dolci.

MACROS

196kcal
Grassi Totali: 0,74g
Colesterolo: 0mg
Sodio: 286mg
Carboidrati Totali: 25,35g
Fibra alimentare: 1,8g
Zuccheri: 9,06g
Proteine: 20,26g

PROCEDIMENTO

01 Mettete in una ciotola l'albume e mescolate lentamente le farine. Inserire il lievito;

02 A parte schiacciate la banana e mescolatela con lo yogurt. Aggiungetela poi all'albume e amalgamate il tutto;

03 Ponete il composto negli stampini precedentemente oliati con olio di cocco e infornate a 180° per 18 minuti;

04 Decorate a piacere: noi abbiamo usato 30g banana, 3 fragole e 1 cucchiaio di burro di arachidi.

TIRAMIFIT

INGREDIENTI (x 1 persona)
- 2 fette biscottate integrali;
- 25g ricotta light;
- 15g Philadelphia protein;
- Caffè q.b.;
- 1 cucchiaio sciroppo d'acero;
- Cacao amaro spolverata q.b.;
- 1 cucchiaino gocce di cioccolato fondente.

MACROS
178kcal
Grassi Totali: 4,04g
Colesterolo: 0mg
Sodio: 54mg
Carboidrati Totali: 30,06g
Fibra alimentare: 2,4g
Zuccheri: 17,07g
Proteine: 6,51g

PROCEDIMENTO

01 Mescolate la ricotta con il Philadelphia e lo sciroppo d'acero;

02 Bagnate una fetta biscottata nel caffè, poi mettete la crema, l'altra fetta biscottata bagnata nel caffè e ancora la crema;

03 Spolverate con cacao amaro e aggiungete le gocce di cioccolato fondente. Riponete il tiramifit in frigo per un paio di ore prima di servire.

PORRIDGE AL CACAO AL FORNO

INGREDIENTI (x 2 persone)
- 85g fiocchi d'avena;
- 220ml latte di cocco;
- 50g cacao amaro;
- 1 cucchiaio sciroppo d'acero;
- 1 cucchiaino lievito per dolci;
- 1 pizzico di sale;
- 1 banana;
- 1 cucchiaino semi di lino.

MACROS
367kcal a porzione
Grassi Totali: 10,18g
Colesterolo: 0mg
Sodio: 193mg
Carboidrati Totali: 52,73g
Fibra alimentare: 12,9g
Zuccheri: 18,15g
Proteine: 11,33g

PROCEDIMENTO

01 Frullate tutti gli ingredienti e mettete il composto in una teglia da forno;

02 Infornate a 180° per 20/25 minuti;

03 Fate intiepidire poi guarnite con frutta a piacere (noi abbiamo utilizzato fragole, banana e burro di arachidi).

OVERNIGHT PORRIDGE ALLA NOCCIOLA

INGREDIENTI (x 1 persona)

- 30g fiocchi d'avena;
- 70g yogurt greco alla nocciola;
- 1 cucchiaio semi di chia;
- 1 cucchiaio burro di arachidi;
- 2 cucchiai cacao amaro;
- 1 pizzico di sale;
- 2 cucchiai sciroppo d'acero.

MACROS

442kcal
Grassi Totali: 15,23g
Colesterolo: 0mg
Sodio: 217mg
Carboidrati Totali: 64,63g
Fibra alimentare: 7,7g
Zuccheri: 36,48g
Proteine: 17,68g

PROCEDIMENTO

01 Mettete i fiocchi di avena in un bricchetto. Aggiungete i semi di chia, il burro di arachidi, il cacao amaro, metà dello yogurt, il pizzico di sale e lo sciroppo d'acero. Frullate il tutto;

02 Trasferite poi in un vasetto. Mettete sopra lo yogurt restante e mettetelo in frigo per tutta la notte. Al momento di servirlo decorate a piacere.

CHIA PUDDING ALLA PESCA

INGREDIENTI (x 1 persona)
- 30g semi di chia;
- 170g yogurt greco alla pesca;
- 1/2 pesca tagliata a cubetti;
- 200ml latte di cocco;
- 1 cucchiaio cacao amaro;
- 1 cucchiaio miele.

MACROS
366 kcal
Grassi Totali: 12,31g
Colesterolo: 0mg
Sodio: 111mg
Carboidrati Totali: 47,93g
Fibra alimentare: 14,0g
Zuccheri: 25,34g
Proteine: 20,49g

PROCEDIMENTO

01 Mettete i semi di chia in una ciotola, aggiungete il cacao, il latte di cocco, il miele e amalgamate bene il tutto;

02 Fate riposare in frigo per tutta la notte coperto con la pellicola;

03 Il giorno dopo, mischiate il composto con lo yogurt. Componete i vasetti con il chia pudding fino coprire il vasetto;

04 Come topping utilizzate la mezza pesca tagliata a cubetti.

LO SAPEVI CHE?
I semi di chia sono una buona fonte di acidi grassi Omega-3. Il sostantivo "chia" deriva dal termine Nahuatl "chian", che significa proprio "oleoso".

FRULLATO FRAGOLE E SEMI DI LINO

INGREDIENTI (x 2 persone)

- 2 cucchiai semi di lino;
- 1 bicchiere d'acqua;
- 8 fragole;
- 1 cucchiaio sciroppo d'acero

MACROS

78kcal per porzione
Grassi Totali: 3,11g
Colesterolo: 0mg
Sodio: 3mg
Carboidrati Totali: 12,42g
Fibra alimentare: 2,9g
Zuccheri: 8,30g
Proteine: 1,60g

PROCEDIMENTO

01 Mettete i semi di lino in un bicchiere con l'acqua e riponeteli in frigo per tutta la notte;

02 Il giorno dopo frullate i semi di lino con le fragole e lo sciroppo d'acero. Servite il frullato.

GRANOLA CON LA CANNELLA

INGREDIENTI (x 2 persone)

- 1 pizzico di sale;
- 12g mix di frutta secca;
- 5g di bacche di goji;
- 30g fiocchi d'avena;
- cannella;
- 3 cubetti di cioccolato fondente;
- 3g olio di cocco sciolto;
- 15g miele.

MACROS

209kcal a porzione
Grassi Totali: 12,75g
Colesterolo: 0mg
Sodio: 49mg
Carboidrati Totali: 18,70g
Fibra alimentare: 3,3g
Zuccheri: 6,87g
Proteine: 4,82g

VEGAN · LACTOSE FREE

PROCEDIMENTO

01 Tritate con il coltello grossolanamente la frutta secca e le bacche di goji. Aggiungete il tutto ai fiocchi d'avena e mescolateli;

02 Aggiungetevi la cannella, l'olio di cocco, il miele e amalgamate il tutto;

03 Mettete il composto in una teglia da forno e livellate bene il tutto. Aggiungete un pizzico di sale e infornate a forno statico a 180° per 15 minuti. Girate la granola e infornate nuovamente per altri 15 minuti;

04 Lasciate raffreddare e aggiungete in ultimo il cioccolato tritato grossolanamente. Mescolate il tutto e conservate in un barattolo ben chiuso.

LO SAPEVI CHE?

La granola è una miscela tostata di fiocchi d'avena, frutta secca e/o disidrata e miele. E' stata ideata da John Harvey Kellogg (l'inventore dei Cornflakes) e viene consumata principalmente con il latte (anche vegetale), o con lo yogurt, per una colazione ricca e nutriente.

PIÑA COLADA PORRIDGE

INGREDIENTI (x 2 persone)

- 200g latte di cocco;
- succo di 2 fette di ananas centrifugate;
- 60g fiocchi d'avena;
- 1 cucchiaio di miele;
- 1 fettina di ananas per decorare e spolverata di cocco rapè.

MACROS

177kcal a porzione
Grassi Totali: 4,52g
Colesterolo: 0mg
Sodio: 142mg
Carboidrati Totali: 29,36g
Fibra alimentare: 3,6g
Zuccheri: 10,74g
Proteine: 4,26g

VEGAN — LACTOSE FREE

PROCEDIMENTO

01 Mescolate il latte di cocco con il succo di ananas, i fiocchi di avena, il miele;

02 Trasferite il tutto in un pentolino e cuocete fino a raggiungere la consistenza desiderata;

03 Lasciate freddare e riponete in frigo per tutta la notte;

04 Il mattino seguente decorate con ananas e cocco rapè.

LO SAPEVI CHE?

Il latte di cocco si ottiene dalla spremitura della polpa della noce di cocco. Molto spesso il prodotto viene addizionato di zuccheri semplici: è buona abitudine leggere l'etichetta prima di acquistarlo.

TORTINO ROCHER

INGREDIENTI (x 1 persona)

- 45g farina di avena;
- 5g farina di mandorle;
- 130g yogurt greco alla nocciola;
- 120ml albume;
- 2g lievito per dolci;
- 1 cucchiaino crema al cioccolato zero grassi.

MACROS

256kcal
Grassi Totali: 3,88g
Colesterolo: 0mg
Sodio: 392mg
Carboidrati Totali: 26,10g
Fibra alimentare: 0,8g
Zuccheri: 19,95g
Proteine: 25,85g

PROCEDIMENTO

01 Mescolate le farine con il lievito, 30g di yogurt e l'albume;

02 Mettete il tutto in un pentolino da 10cm e fate cuocere per 15 minuti. Poi girate dall'altro lato e cuocete per altri 2 minuti. Il tutto a fuoco molto basso;

03 Tagliate a metà il tortino, riempitelo con la crema al cioccolato. Rimettete sopra la metà e cospargetelo con il restante yogurt greco alla nocciola e una spolverata di granella di nocciole (facoltativa).

CREPES ALL'ACQUA

INGREDIENTI (x 4 crepes)

- 100g farina di avena;
- 1 uovo;
- 180ml acqua;

MACROS

127kcal
Grassi Totali: 5,39g
Colesterolo: 186mg
Sodio: 181mg
Carboidrati Totali: 11,18g
Fibra alimentare: 1,6g
Zuccheri: 0,58g
Proteine: 8,13g

LACTOSE FREE

PROCEDIMENTO

01 Unite la farina con l'acqua un pò alla volta mentre mescolate;

02 Aggiungete l'uovo e mescolate il tutto;

03 In una padella rovente mettete un mestolo del composto livellandolo bene. Giratelo dall'altra parte dopo un paio di minuti e cuocetelo per altri pochi secondi;

04 Fate lo stesso con il restante composto fino ad ottenere le vostre crepes. Decoratele a piacere.

SPUNTINI

BISCOTTI AI DATTERI

INGREDIENTI (6 biscotti)

- 100g yogurt greco bianco zero grassi;
- 55g datteri;
- 25g crusca d'avena;
- 30g gocce di cioccolato fondente;
- 15g mandorle

MACROS

87,66kcal a biscotto
Grassi Totali: 3,24g
Colesterolo: 0mg
Sodio: 17mg
Carboidrati Totali: 13,59g
Fibra alimentare: 2,15g
Zuccheri: 9,22g
Proteine: 3,63g

PROCEDIMENTO

01 Frullate i datteri con lo yogurt, le mandorle e la crusca d'avena;

02 Mescolate il composto con le gocce di cioccolato e formate 6 biscotti;

03 Metteteli in una teglia da forno rivestita da carta da forno e infornateli a 180° per 10 minuti;

LO SAPEVI CHE?

I datteri hanno un potere dolcificante paragonabile a quello del miele o dello zucchero e rappresentano un ottimo snack per quando si ha bisogno di energia.

BARRETTE DI RISO SOFFIATO

INGREDIENTI (4 barrette)

- 100g cioccolato fondente;
- 30g riso soffiato

MACROS

165,75kcal a barretta
Grassi Totali: 9,81g
Colesterolo: 0mg
Sodio: 77,50mg
Carboidrati Totali: 14,28g
Fibra alimentare: 0,05g
Zuccheri: 6,25g
Proteine: 3,06g

LACTOSE FREE · VEGAN · Nickel Free Ni

PROCEDIMENTO

01 Sciogliete il cioccolato a bagnomaria;

02 Aggiungete il riso soffiato e mescolate;

03 Mettete il tutto in una teglia rivestita da carta da forno e riporre in frigo per un paio di ore;

04 Riprendete la teglia, togliete il cioccolato ormai solidificato e tagliatelo in 4 barrette.

GELATI VEGANI AL CACAO E AI FRUTTI DI BOSCO

INGREDIENTI
(per il gelato al cacao 2 persone)
- 2 banane;
- 1 cucchiaino di miele;
- 1 cucchiaio cacao amaro;
- 2 cucchiai latte di riso;

(per il gelato ai frutti di bosco 2 persone)
- 150g fragole;
- 50g mirtilli;
- 50g more;
- 50g ribes;
- 150g yogurt di soia alla fragola o ai frutti di bosco;
- 2 cucchiai miele.

MACROS
119kcal gelato al cacao a porzione
141 Kcal gelato ai frutti di bosco
Grassi Totali: 0,97g / Gelato ai frutti: 2,39g
Colesterolo: 0mg / Gelato ai frutti: 0mg
Sodio: 2mg / Gelato ai frutti; 1mg
Carboidrati Totali: 29,75g/Gelato ai frutti: 25,70g
Fibra alimentare: 4,0g/Gelato ai frutti: 7,0g
Zuccheri: 14,88g/Gelato ai frutti: 17,60g
Proteine: 1,91g/Gelato ai frutti: 4,18g

PROCEDIMENTO

01 Per fare il gelato al cacao, congelate le banane tagliate a fettine per 5 ore circa. Frullatele poi insieme a tutti gli altri ingredienti e servite;

02 Per fare il gelato ai frutti di bosco, congelate precedentemente tutta la frutta per 5 ore. Frullate poi il tutto al resto degli ingredienti e servite.

LO SAPEVI CHE?

Il miele è un alimento glucidico a elevato potere energetico: per questo è indicato nell'alimentazione geriatrica, nella dietetica dell'età scolare, negli sportivi ed in tutte le situazioni in cui è richiesto un elevato fabbisogno energetico.

MAGNUM BIANCHI

INGREDIENTI (4 MAGNUM)

- 150g fragole;
- 2 cucchiai cocco rapè;
- 20ml latte di cocco;
- Cioccolato bianco zero zuccheri sciolto a bagnomaria q.b.;
- Spolverata cocco rapè q.b.

MACROS

113,50kcal a magnum
Grassi Totali: 8,86g
Colesterolo: 0mg
Sodio: 16,75mg
Carboidrati Totali: 8,84g
Fibra alimentare: 1,8g
Zuccheri: 3,21g
Proteine: 1,35g

PROCEDIMENTO

01 Frullate le fragole con il latte di cocco e il cocco rapè;

02 Mettete il composto negli stampini per gelati e poi in freezer per circa 5 ore;

03 Immergete subito i gelati nel cioccolato bianco sciolto a bagnomaria e spolverate con cocco rapè (solidificheranno subito). Potete poi avvolgerli con la pellicola e conservarli in freezer.

STICK DI CECI

INGREDIENTI

- 600ml acqua;
- Sale q.b.;
- Paprika q.b.;
- Pepe q.b;
- Rosmarino q.b.;
- 100g farina di ceci;
- 50g farina di mais.

MACROS

21,32kcal per 30g
Grassi Totali: 0,30g
Colesterolo: 0mg
Sodio: 1,2mg
Carboidrati Totali: 3,43g
Fibra alimentare: 0,41g
Zuccheri: 0,15g
Proteine: 0,99g

VEGAN | LACTOSE FREE

PROCEDIMENTO

01 In un pentolino mettete l'acqua, il sale e tutte le spezie. Una volta raggiunto il bollore, aggiungete le due farine;

02 Mescolate il tutto per 5 minuti poi spegnete il fuoco. Trasferite il composto in una teglia da forno precedentemente oliata e livellate il tutto;

03 Fate freddare, poi tagliate il composto con una rotellina formando degli stick e infornate a 200° per 25 minuti.

LO SAPEVI CHE?

Chi segue un'alimentazione vegana è necessario che integri la Vit. B12 poichè il nostro organismo la riceve esclusivamente per mezzo degli alimenti di origine animale. I livelli di assunzione raccomandati sono di circa 2 microg/die per adulto, con un surplus che deve essere garantito in gravidanza ed allattamento.

BISCOTTI 3 INGREDIENTI

INGREDIENTI (6 BISCOTTI)

- 90g fiocchi d'avena;
- 35g gocce di cioccolato extra fondente;
- 1 banana.

MACROS

100,83kcal a biscotto
Grassi Totali: 2,75g
Colesterolo: 0mg
Sodio: 44,5mg
Carboidrati Totali: 17,13g
Fibra alimentare: 2,33g
Zuccheri: 6,34g
Proteine: 2,45g

VEGAN — LACTOSE FREE

PROCEDIMENTO

01 Schiacciate la banana e unite i fiocchi di avena con le gocce di cioccolato. Mescolate il tutto;

02 Formate i biscotti con il composto e metteteli in una teglia da forno rivestita con carta da forno;

03 Cuocete i biscotti a 180° per 20 minuti.

BARRETTE ENERGETICHE

INGREDIENTI (8 barrette)

- 100g mandorle;
- 30g olio di cocco;
- 50g red dragon fruit essiccato (o altra frutta essiccata);
- 25g fiocchi d'avena;
- 20g cioccolato fondente;
- 35g sciroppo d'acero;
- 30g semi di chia;
- Sale 1 pizzico.

MACROS

162kcal per barretta
Grassi Totali: 12,24g
Colesterolo: 0mg
Sodio: 10,62mg
Carboidrati Totali: 11,09g
Fibra alimentare: 3,46g
Zuccheri: 5,21g
Proteine: 3,82g

VEGAN — LACTOSE FREE

PROCEDIMENTO

01 Tritate le mandorle e frullate il frutto red dragon essiccato e messo in ammollo precedentemente in acqua per 1 ora;

02 Mescolate gli ingredienti insieme e mettete il composto ottenuto in una teglia da forno rivestita da carta da forno. Aggiungete 1 pizzico di sale.

03 Livellate bene il composto e cuocete a 180° per 30 minuti. Lasciate poi raffreddare e tagliate con un coltello le barrette.

LO SAPEVI CHE?

Lo sciroppo d'acero è una vera e propria miniera di minerali e vitamine che lo rendono molto utile in caso di stanchezza ed affaticabilità.

CRUMBLE ESOTICA CON WEETABIX

INGREDIENTI (4 persone)

- 10g miele;
- 30g olio di cocco;
- Cannella;
- 20g eritritolo;
- 1 mango;
- 1 frutto della passione;
- 2 noci;
- 3 formelle di Weetabix;
- succo di 1 lime.

MACROS

170,25kcal per porzione
Grassi Totali: 9,38g
Colesterolo: 0mg
Sodio: 2,25mg
Carboidrati Totali: 25,26g
Fibra alimentare: 2,95g
Zuccheri: 8,85g
Proteine: 2,43g

VEGAN — LACTOSE FREE

PROCEDIMENTO

01 Tagliate il mango a cubetti. Aggiungete il frutto della passione, il succo del lime, l'eritritolo, la cannella e mescolate il tutto;

02 Sbriciolate le formelle di Weetabix, aggiungete le noci tritate, l'olio di cocco, il miele e mescolate nuovamente;

03 In una teglia da forno mettete la frutt e copritela con i Weetabix. Infornate a 180° per 15 minuti (forno statico). Lasciate riposare prima di servire.

TORTA RICOTTA FIT

INGREDIENTI

- 1 uovo;
- 40g eritritolo;
- 150g ricotta light;
- Scorza di 1 limone non trattato;
- 30g gocce di cioccolato extra fondente;
- 60g farina di avena;
- olio di cocco o di semi per oliare la teglia.

MACROS

56,37kcal per porzione (la torta è di 8 porzioni)
Grassi Totali: 3,31g
Colesterolo: 23,25mg
Sodio: 16,62mg
Carboidrati Totali: 9,03g
Fibra alimentare: 0,51g
Zuccheri: 2,84g
Proteine: 2,64g

PROCEDIMENTO

01 Amalgamate l'uovo con l'eritritolo. Aggiungete poi la ricotta e la scorza del limone. Mescolate il tutto;

02 Aggiungete le gocce di cioccolato, la farina di avena e mescolate. Mettete il composto in una teglia oliata da olio di cocco o di semi;

03 Infornate a 180° per 35/40 minuti.

LO SAPEVI CHE?

La ricotta non è un formaggio ma un sottoprodotto della lavorazione del latte che deriva dal siero. Fornisce un notevole quantitativo di proteine ad elevato valore biologico facilmente assimilabili.

CIAMBELLE GELATO ALLO YOGURT

INGREDIENTI (6 ciambelle)

- 240g yogurt greco al cocco;
- 50g frutta fresca mista (io ho usato pesca, melone e albicocche);
- 100g cioccolato fondente 75% sciolto a bagnomaria;
- Spolverata di granella di pistacchio;
- Spolverata di granella di nocciole;
- Spolverata di cocco rapè.

MACROS

139,66kcal per ciambella
Grassi Totali: 7,17g
Colesterolo: 0mg
Sodio: 1,33mg
Carboidrati Totali: 13,13g
Fibra alimentare: 1,71g
Zuccheri: 11,93g
Proteine: 4,81g

PROCEDIMENTO

01 Mescolate lo yogurt con la frutta tagliata a cubetti;

02 Mettete il composto in degli stampini per ciambelle e poi in freezer per 3 ore;

03 Decorate le vostre ciambelline con il cioccolato sciolto a bagnomaria, la granella di nocciole, pistacchi e cocco rapè.

LO SAPEVI CHE?

Il cocco rapè è un derivato della polpa della noce di cocco. Questa viene prima privata del suo contenuto di acqua (disidratata) e poi grattugiata grossolanamente: si presenta quindi in scaglie non raffinate con una grana grossa.

DOLCE FIT SENZA COTTURA

INGREDIENTI

- 30g riso soffiato;
- 50g yogurt greco alla vaniglia zero grassi;
- 50g latte di mandorla;
- 1 cucchiaio cacao amaro;
- 1 cucchiaio di acqua;
- 1 cucchiaio sciroppo d'acero.

MACROS

222kcal
Grassi Totali: 1,60g
Colesterolo: 0mg
Sodio: 76mg
Carboidrati Totali: 46,94g
Fibra alimentare: 2,1g
Zuccheri: 17,07g
Proteine: 7,81g

PROCEDIMENTO

01 Amalgamate il riso soffiato con lo yogurt e il latte. Trasferitelo in una tazza;

02 Mescolate il cacao con l'acqua e lo sciroppo d'acero per fare la crema al cacao;

03 Mettete la cremina al cacao sopra al riso soffiato e riponete in frigo per tutta la notte.

BUDINO AI CACHI

INGREDIENTI (x 4 budini)

- 2 cachi;
- 2 cucchiai cacao amaro.

MACROS

65kcal a budino
Grassi Totali: 0,53g
Colesterolo: 0mg
Sodio: 1,25mg
Carboidrati Totali: 17,08g
Fibra alimentare: 3,92g
Zuccheri: 10,57g
Proteine: 1,01g

VEGAN · LACTOSE FREE

PROCEDIMENTO

01 Frullate i cachi con il cacao;

02 Mettete il tuto negli stampini e poi in frigo per un paio di ore;

03 Guarnite a piacere.

ACAI SMOOTHIE

INGREDIENTI (x 2 persone)

- 300g fragole;
- 1 cucchiaio polvere di acai;
- 1 cucchiaio sciroppo d'acero;
- granella di noci q.b.;
- 1 fettina di red dragon essiccato (facoltativo)

MACROS

115,50kcal
Grassi Totali: 3,33g
Colesterolo: 0mg
Sodio: 3,50mg
Carboidrati Totali: 19,83g
Fibra alimentare: 6,45g
Zuccheri: 13,96g
Proteine: 1,86g

PROCEDIMENTO

01 Congelate le fragole per almeno 3 ore;

02 Frullate le fragole con l'acai, lo sciroppo d'acero. Trasferite il composto in 2 ciotole;

03 Guarnite con la granella di noci e il frutto red dragon.

PALLINE ENERGETICHE DATTERI E PISTACCHIO

INGREDIENTI (x 9 palline)

- 50g datteri;
- 50g pistacchi;
- succo di 1 lime;
- 1 cucchiaio cacao amaro.

MACROS

51,77kcal per pallina
Grassi Totali: 2,67g
Colesterolo: 0mg
Sodio: 83,66mg
Carboidrati Totali: 6,22g
Fibra alimentare: 1,41g
Zuccheri: 4,08g
Proteine: 1,47g

LACTOSE FREE

PROCEDIMENTO

01 Mettete tutti gli ingredienti in un mixer e frullateli;

02 Formate delle palline e fate riposare in frigo per un paio di ore;

BARRETTE ENERGETICHE AI SEMI DI CHIA

INGREDIENTI (x 11 barrette)

- 50g datteri;
- 50g burro di arachidi;
- 20g nocciole;
- 20g semi di chia;
- 1 cucchiaio cacao amaro.

MACROS

63kcal per barretta
Grassi Totali: 4,00g
Colesterolo: 0mg
Sodio: 1,09mg
Carboidrati Totali: 5,26g
Fibra alimentare: 1,74g
Zuccheri: 3,17g
Proteine: 1,94g

VEGAN · LACTOSE FREE · GLUTEN FREE

PROCEDIMENTO

01 Mettete tutti gli ingredienti in un mixer e frullateli;

02 Mettete il composto in una teglia rivestita da carta da forno e riponete in frigo per un paio di ore;

03 Tagliate pure le vostre barrette.

FRULLATO PAPAYA E ALOE

INGREDIENTI

- 100g papaya;
- 5g aloe vera;
- 1/2 bicchiere di acqua.

MACROS

42kcal
Grassi Totali: 0,14g
Colesterolo: 0mg
Sodio: 3mg
Carboidrati Totali: 10,66g
Fibra alimentare: 1,8g
Zuccheri: 5,90g
Proteine: 0,61g

VEGAN — LACTOSE FREE

PROCEDIMENTO

01 Pulite la papaya dalla buccia e dai semini;

02 Pulite l'aloe vera dalla buccia;

03 Frullate tutti gli ingredienti e servite.

HEALTHY SMOOTHIE

INGREDIENTI

- 8 fragole;
- 1 banana;
- 120ml latte di cocco;
- Semi di chia q.b.

MACROS

185kcal
Grassi Totali: 3,30g
Colesterolo: 0mg
Sodio: 65mg
Carboidrati Totali: 39,75g
Fibra alimentare: 7,0g
Zuccheri: 21,18g
Proteine: 2,83g

VEGAN | LACTOSE FREE

PROCEDIMENTO

01 Congelate 6 fragole e la banana tagliate a fettine per almeno 3 ore;

02 Frullate la frutta con il latte di cocco;

03 Decorate con le restanti fragole tagliate a fettine e una spolverata di semi di chia.

DELIZIE DI YOGURT E FRUTTA

INGREDIENTI (X 3 persone)

- 6 fragole;
- 100g melone;
- 1/2 mela;
- succo di 1 arancia;
- succo di 1 limone;
- 10g gocce di cioccolato extra fondente;
- 150g yogurt greco bianco zero grassi;
- 1 cucchiaio di zucchero di canna.

MACROS

108,33kcal per porzione
Grassi Totali: 1,16g
Colesterolo: 0mg
Sodio: 56,66mg
Carboidrati Totali: 19,97g
Fibra alimentare: 2,7g
Zuccheri: 16,21g
Proteine: 6,33g

PROCEDIMENTO

01 Tagliate la frutta a cubetti. Aggiungete poi il succo del limone, dell'arancia, lo zucchero e mescolate il tutto;

02 Componete i vasetti mettendo 2 cucchiai di frutta, due di yogurt, ancora frutta e infine una spolverata di gocce di cioccolato fondente;

LO SAPEVI CHE?

Il cioccolato fondente è ricco di flavonoidi, molecole benefiche per il nostro organismo che contrastano l'invecchiamento della pelle, le infiammazioni, l'ipertensione, le malattie cardiovascolari e il declino cognitivo.

KINDER CEREALI CHEESECAKE

INGREDIENTI (X 2 mini cheesecake)

- 20g riso soffiato;
- 50g cioccolato fondente;
- 50g yogurt greco bianco zero grassi;
- 30g Philadelphia light;
- 1 cucchiaio sciroppo d'acero.

MACROS

326,50kcal a porzione
Grassi Totali: 13,05g
Colesterolo: 0mg
Sodio: 143mg
Carboidrati Totali: 45,01g
Fibra alimentare: 5,9g
Zuccheri: 30,14g
Proteine: 7,96g

PROCEDIMENTO

01 Sciogliete il cioccolato a bagnomaria e mischiatelo con il riso soffiato;

02 Mettete il riso soffiato in due coppapasta;

03 Mescolate il Philadelphia light con lo yogurt, lo sciroppo d'acero e mettetelo sopra il riso soffiato. Riponete in frigo per un paio di ore;

04 Togliete i coppapasta e servite le 2 mini cheesecake decorando a piacere.

COOKIES AL BURRO DI ARACHIDI

INGREDIENTI (X 9 cookies)

- 2 banane;
- 120g fiocchi d'avena;
- 4 cucchiai burro di arachidi;
- Cannella q.b.;
- 30g gocce di cioccolato extra fondente.

MACROS

147,88kcal a cookie
Grassi Totali: 5,62g
Colesterolo: 0mg
Sodio: 74,44mg
Carboidrati Totali: 22,11g
Fibra alimentare: 3,47g
Zuccheri: 9,83g
Proteine: 4,25g

VEGAN — LACTOSE FREE

PROCEDIMENTO

01 Schiacciate le banane. Unite i fiocchi di avena, il burro di arachidi, la cannella, le gocce di cioccolato e mescolate il tutto;

02 Formate i biscotti e metteteli in una teglia da forno ricoperta da carta da forno;

03 Cuocete a 180° per 20 minuti.

CREMA DI CASTAGNE

INGREDIENTI (X 2 barattoli)

- 500g castagne;
- 250ml acqua;
- 50g zucchero di canna;
- 50g cioccolato fondente.

MACROS

132,82kcal x 100g
Grassi Totali: 3,22g
Colesterolo: 0mg
Sodio: 6,35mg
Carboidrati Totali: 28,70g
Fibra alimentare: 2,94g
Zuccheri: 14,23g
Proteine: 2,06g

PROCEDIMENTO

01 Bollite le castagne per 30minuti e sbucciatele;

02 In un pentolino mettete sul fuoco l'acqua con lo zucchero e fatelo sciogliere. Aggiungete le castagne e fate cuocere a fuoco basso per 1 ora;

03 Aggiungete il cioccolato fondente, fatelo sciogliere, spengete il fuoco e frullate il tutto;

04 Riempite i barattoli e conservateli in frigo una volta freddati.

CROSTATINE FIT AL CIOCCOLATO

INGREDIENTI (X 3 crostatine)

- 30g farina di avena;
- 10g eritritolo;
- 10ml acqua;
- 5g olio di cocco;
- 1 cucchiaio crema al cioccolato zero grassi.

MACROS

88,33kcal a crostatina
Grassi Totali: 3,2g
Colesterolo: 0mg
Sodio: 18mg
Carboidrati Totali: 18,82g
Fibra alimentare: 2,8g
Zuccheri: 10,24g
Proteine: 1,4g

VEGAN · LACTOSE FREE

PROCEDIMENTO

01 Mescolate la farina d'avena con l'eritritolo, l'acqua e l'olio di cocco;

02 Impastate e con un mattarello stendete l'impasto. Formate dei cerchi con il coppapasta e metteteli in degli stampini precedentemente oliati con olio di cocco;

03 Mettete il cioccolato dentro le crostatine e decoratele con il resto dell'impasto;

04 Infornate a 160° per 20 minuti.

PIATTI UNICI

TACOS DI MAIS

INGREDIENTI (X 8 tacos)

- 100g farina di mais;
- 150ml acqua;
- 50g farina di riso;
- Sale q.b.;
- 10ml olio e.v.o.

MACROS

79,62kcal a tacos
Grassi Totali: 1,93g
Colesterolo: 0mg
Sodio: 293mg
Carboidrati Totali: 19,32g
Fibra alimentare: 1,35g
Zuccheri: 3,88g
Proteine: 1,71g

VEGAN — LACTOSE FREE

PROCEDIMENTO

01 Unite le due farine con il sale;

02 Versate l'olio e unite l'acqua poco alla volta impastando fino a ottenere un panetto morbido e compatto. Coprite e lasciate riposare per 20 minuti;

03 Dividete l'impasto in 8 panetti uguali. Mettete ogni panetto tra 2 fogli di carta da forno e stendeteli. Con un coppapasta tagliateli in cerchietti sottili;

04 Fate cuocere i tacos in una padella antiaderente ben calda 2 minuti per lato. Poi lasciateli raffreddare su di una formina per tacos o su un bicchiere capovolto. Farcite i tacos a vostro piacimento;

CROCCANTELLA AI FIORI DI ZUCCA

INGREDIENTI

- 160g farina di riso;
- 240g acqua;
- Sale q.b.;
- Pepe q.b.;
- Paprika q.b.;
- Rosmarino q.b.;
- Farina di mais q.b.;
- 1 cucchiaio di olio e.v.o.
- 8 fiori di zucca.

MACROS

759kcal
Grassi Totali: 15,42g
Colesterolo: 0mg
Sodio: 2328mg
Carboidrati Totali: 142,23g
Fibra alimentare: 2,0g
Zuccheri: 1,12g
Proteine: 13,28g

VEGAN · LACTOSE FREE

PROCEDIMENTO

01 Mescolate la farina di riso con l'acqua. Aggiungete poi le spezie, il sale e mescolate;

02 Unite infine i fiori di zucca lavati, puliti e divisi a metà;

03 In una teglia oliata con olio di semi, spolverate con la farina di mais e mettete il composto. Aggiungete altra farina di mais in superficie, mettete un cucchiaio di olio e.v.o. e cuocete in forno statico a 200° per 40 minuti ed infine in forno ventilato a 230° per 10 minuti.

CREPES DI LENTICCHIE

INGREDIENTI (X 2persone)

- 150g lenticchie;
- 150g acqua.

MACROS

269kcal per porzione
Grassi Totali: 1,65g
Colesterolo: 0mg
Sodio: 2mg
Carboidrati Totali: 47,33g
Fibra alimentare: 11,1g
Zuccheri: 1,58g
Proteine: 17,92g

VEGAN — LACTOSE FREE

PROCEDIMENTO

01 Frullate le lenticchie nell'acqua;

02 Mettete un mestolo del composto in una padella antiaderente ben calda. Livellate e cuocete 2 minuti per lato;

03 Fate lo stesso con il resto del composto. Farcite le crepes a piacere.

SPANAKOPITA

INGREDIENTI (X 2persone)

- 500g spinaci;
- 1 cipolla;
- 200g feta greca;
- Erba cipollina q.b.;
- Pepe q.b.;
- 1 uovo;
- Sale;
- 2 cucchiai olio e.v.o.;
- 90g pasta fyllo.

MACROS

499,50 kcal per porzione
Grassi Totali: 24,06g
Colesterolo: 93mg
Sodio: 1231mg
Carboidrati Totali: 42,01g
Fibra alimentare: 7,1g
Zuccheri: 5,04g
Proteine: 32,98g

PROCEDIMENTO

01 Lessate gli spinaci;

02 Cuoceteli in padella con un cucchiaio d'olio e la cipolla; aggiungetevi il sale (poco perchè la feta è già salata), l'erba cipollina, l'uovo, il pepe, un cucchiaio d'olio, la feta a pezzetti e mescolate;

03 Spennellate una teglia da forno con l'olio, posizionate dei fogli di pasta fyllo, poi mettete un pò degli spinaci, ricoprite con 3 strati di pasta fyllo, spennellate con l'olio e mettete gli altri spinaci. Continuate gli strati con la pasta fyllo e gli spinaci fino a terminare il tutto;

04 Cuocete in forno a 180° per 35 minuti.

LO SAPEVI CHE?

Per favorirne la conservazione, la feta viene immersa in una salamoia per circa 3 mesi; questo processo è responsabile del suo caratteristico colore bianco, ma anche del suo elevato contenuto di sodio.

PIZZA FINTA DI CAVOLFIORE

INGREDIENTI (X 2pizze)

- 1 cavolfiore;
- 1 uovo;
- 20g parmigiano grattugiato;
- 1 mozzarella light;
- Basilico q.b.;
- Paprika q.b.;
- Sale q.b.;
- Aglio in polvere q.b.;
- Pepe q.b.;
- 50ml polpa di pomodoro.

MACROS

269kcal per pizza
Grassi Totali: 10,01g
Colesterolo: 102mg
Sodio: 640mg
Carboidrati Totali: 24,66g
Fibra alimentare: 10,05g
Zuccheri: 11,74g
Proteine: 24,73g

PROCEDIMENTO

01 Bollite per 20 minuti il cavolfiore, poi scolatelo bene. Schiacciatelo con uno schiacciapatate e scolatelo nuovamente per eliminare l'acqua in eccesso;

02 Unite il cavolfiore insieme alle spezie, l'uovo, il sale e mescolate il tutto;

03 Mettete l'impasto in una teglia rivestita da carta da forno e infornate a 180° per 15 minuti e poi dall'altro lato per altri 15 minuti;

04 Cinque minuti prima di fine cottura mettete sopra le pizze il pomodoro, la mozzarella a pezzetti scolata, il parmigiano e il basilico.

KETO WRAP SALMONE E AVOCADO

INGREDIENTI (X 1 persona)

- 50g farina di semi di lino;
- 50g acqua bollente;
- Sale q.b.;
- Pepe q.b.;
- Paprika q.b.;
- Aglio in polvere q.b.;
- 50g salmone affumicato;
- 30g avocado maturo;
- 1 pomodoro;
- Rucola q.b.;
- Succo di 1/2 limone.

MACROS

454kcal
Grassi Totali: 33,42g
Colesterolo: 25mg
Sodio: 1476mg
Carboidrati Totali: 13,92g
Fibra alimentare: 15,8g
Zuccheri: 7,75g
Proteine: 27,17g

LACTOSE FREE

PROCEDIMENTO

01 Unite la farina all'acqua e mescolate il tutto. Dividete in due parti l'impasto e stendetelo;

02 In una padella rovente e ben calda cuocete 2 minuti per lato;

03 Riempite i wrap con il salmone, l'avocado, la rucola, il sale, il pomodoro tagliato a pezzetti, la paprika, il pepe, l'aglio in polvere e il succo del limone;

PANINI LOW CARB

INGREDIENTI (X 4 panini)

- 100g fibra di bamboo;
- 1 cucchiaio gomma di xantano;
- 1 bustina lievito per salati;
- 1 uovo.

MACROS

71,25kcal per panino
Grassi Totali: 1,17g
Colesterolo: 46,50mg
Sodio: 24,50mg
Carboidrati Totali: 1,23g
Fibra alimentare: 26,32g
Zuccheri: 0,13g
Proteine: 2,09g

PROCEDIMENTO

01 Mettete in una ciotola la fibra di bamboo, La gomma di xantano e il lievito. Mescolate il tutto;

02 Aggiungete l'uovo e continuate a mescolare. Aggiungete l'acqua e impastate con le mani;

03 Formate 4 panini e metteteli in una teglia rivestita da carta da forno. Infornate a 200° per 20 minuti. Farcite i panini a piacere.

LO SAPEVI CHE?

La gomma di xantano o xantano è un additivo alimentare (sigla E415) che deriva dalla fermentazione in coltura di un carboidrato (solitamente saccarosio o fruttosio) da parte di ceppi di un batterio purificato.

TACOS CON PARMIGIANO

INGREDIENTI

- 40g parmigiano grattugiato;
- 150g petto di pollo;
- 100g lattuga;
- 1 limone;
- Peperoncino q.b.;
- Origano q.b.;
- Paprika q.b. ;
- Sale q.b.;
- 40g avocado;
- 1 cucchiaio olio e.v.o.

MACROS

659kcal
Grassi Totali: 41,41g
Colesterolo: 151mg
Sodio: 1243mg
Carboidrati Totali: 11,73g
Fibra alimentare: 4,1g
Zuccheri: 3,47g
Proteine: 60,50g

LACTOSE FREE

PROCEDIMENTO

01 In una teglia rivestita da carta da forno mettete il parmigiano a lunga stagionatura grattugiato formando due dischi. Infornate a 200° per 12 minuti;

02 Lasciate raffreddare le cialde di parmigiano in una formina per tacos o su un bicchiere rovesciato;

03 Tagliate il petto di pollo e cuocetelo in padella con l'olio, 1/2 bicchiere d'acqua, il sale e le spezie per 15 minuti.

04 Riempite i tacos con il pollo, il limone, la lattuga e l'avocado tagliato a fette.

PANINI CON BURGER VEGANI

INGREDIENTI (x 3 panini)

- 2g lievito fresco di birra;
- 120ml acqua tiepida;
- 350g farina integrale;
- 1 cucchiaio olio e.v.o.;
- 10g sale;
- Semi di papavero per spolverare (facoltativi);
- 1 cucchiaio di curcuma.
  #### Per i burger:
- 180g ceci cotti;
- 2 barbabietole lessate;
- 2 cucchiai salsa tahina;
- Sale q.b.;
- Maggiorana q.b.

MACROS

607kcal per panino
Grassi Totali: 12,83g
Colesterolo: 0mg
Sodio: 1723,33mg
Carboidrati Totali: 95,18g
Fibra alimentare: 19,86g
Zuccheri: 6,32g
Proteine: 22,27g

VEGAN — LACTOSE FREE

PROCEDIMENTO

01 Sciogliete il lievito nell'acqua tiepida;

02 In una ciotola mettete la farina, l'olio, il lievito, l'acqua e mescolate. Aggiungete poi il sale, la curcuma e impastate;

03 Dividete l'impasto in 3 parti. Fate lievitare per 2 ore a forno spento con la luce accesa;

04 Spennellate con l'olio e spolverate con semi di papavero (facoltativi) e infornateli a 180° per 20 minuti;

05 Frullate la barbabietola con i ceci, le spezie, il sale e la salsa tahina. Formate i burger e infornateli a 180° x 30 minuti su carta da forno;

06 Riempite i panini con i burger vegani e verdure se preferite.

FIT STREET FOOD

INGREDIENTI (X 3 persone)

- 400g macinato di tacchino;
- Sale q.b.;
- Paprika q.b.;
- Pepe q.b.;
- Prezzemolo q.b.;
- 1 spicchio d'aglio;
- Curcuma q.b.;
- Timo q.b.;
- Salvia q.b.;
- 500g patate;
- Rosmarino q.b.;
- 2 cucchiai di olio e.v.o.;
- 80g pistacchi;
- 60g ricotta light;
- 1 cucchiaio granella di pistacchi.

MACROS

615,66kcal per porzione
Grassi Totali:31,34g
Colesterolo:0mg
Sodio:830mg
Carboidrati Totali:48,93g
Fibra alimentare:7,23g
Zuccheri:4,53g
Proteine:40,57g

PROCEDIMENTO

01 Mescolate la carne macinata con il sale, la paprika, il pepe, il prezzemolo, lo spicchio d'aglio, la curcuma, il timo, la salvia. Formate poi dei salsicciotti, metteteli in una teglia rivestita da carta da forno;

02 Tagliate le patate a bastoncini, mettetele accanto alle finte salsicce, conditele con il sale, l'olio, rosmarino, salvia e infornate il tutto a 180° x 35 minuti;

03 Frullate i pistacchi con la ricotta light e il sale. Mettete da parte;

04 Una volta pronto il tutto, servite le finte salsicce con le patate, la crema di pistacchi e un pò di granella di pistacchi.

TOTANI RIPIENI SU VELLUTATA DI PORRO E PATATE

INGREDIENTI (X 2 persone)

- 4 totani;
- 1 cucchiaio pangrattato;
- 2 spicchi di aglio;
- Prezzemolo, paprika e sale q.b.;
- 2 cucchiai salsa di pomodoro;
- 1 cucchiaio olio e.v.o.;
- Peperoncino q.b.;
- 1 bicchiere di vino bianco;
- Sale q.b.;
- 500g patate;
- 20g porro;
- 200ml acqua;
- Noce moscata q.b.

MACROS

572kcal per porzione
Grassi Totali: 15,97g
Colesterolo: 96mg
Sodio: 1137mg
Carboidrati Totali: 61,83g
Fibra alimentare: 5,5g
Zuccheri: 4,08g
Proteine: 35,25g

LACTOSE FREE

PROCEDIMENTO

01 Tagliate a pezzetti i tentacoli dei totani, puliti e lavati e metteteli in una ciotola;

02 Unite uno spicchio di aglio grattugiato, il prezzemolo tritato, la paprika, il pepe, il pangrattato, il sale e mescolate il tutto. Mettete il ripieno all'interno dei totani e chiudeteli con uno stuzzicadenti;

03 In un tegame mettete l'olio, il peperoncino, l'altro spicchio di aglio e i totani. Accendete il fuoco, fateli rosolare poi aggiungete il vino e cuocete per un paio di minuti. Aggiungete la salsa di pomodoro, il sale e cuocete a fuoco basso con coperchio per 30 minuti.

04 Pelate e tagliate a pezzi le patate. Mettetele poi in un pentolino con i 20g di porro tagliato a pezzi, coprite con acqua e fate cuocere per 20 minuti. Una volta pronto, frullate il tutto con sale e noce moscata. Servire i totani sulla vellutata di porro e patate.

SUSHI

INGREDIENTI (X 2 persone)

- 200g riso per sushi;
- 200g acqua;
- 10g sale;
- 35g aceto di riso;
- 15g zucchero;
- 10g alga kombu;
- 2 cucchiaini wasabi in polvere;
- 2 fogli alga Nori;
- 120g filetto di salmone;
- 1 cucchiaino semi di sesamo;
- 20g avocado

MACROS

585kcal per porzione
Grassi Totali: 11,39g
Colesterolo: 33mg
Sodio: 2438mg
Carboidrati Totali: 90,87g
Fibra alimentare: 5,8g
Zuccheri: 7,86g
Proteine: 27,04g

LACTOSE FREE

PROCEDIMENTO

01 Lavate più volte il riso fin quando l'acqua sarà trasparente. Lasciatelo a bagno per 1 ora poi scolatelo e fatelo riposare per 5 minuti;

02 Mettete il riso in un pentolino con l'acqua, copritelo e fate raggiungere il bollore. Quando bolle, fatelo cuocere a fuoco medio per altri 5 minuti, poi per altri 7 a fuoco basso. Lasciatelo infine riposare per 6 minuti a fuoco spento;

03 In un pentolino preparate l'acqua acidulata con il sale, l'aceto e lo zucchero. Portate ad ebollizione, aggiungete l'alga kombu, spegnete il fuoco e lasciate riposare;

04 Trasferite il riso in un recipiente di bamboo o di acciaio e conditelo con l'acqua acidulata mentre con un ventaglio lo freddate man mano. Copritelo con un panno umido e mettetelo da parte;

05 Eliminate la pelle al salmone (precedentemente abbattuto oppure congelato a -18° per almeno 4 giorni) e tagliatelo a strisce;

06 Posizionate l'alga Nori dalla parte ruvida rivolta verso l'alto (la tovaglietta di bamboo deve essere precedentemente avvolta dalla pellicola trasparente). Bagnatevi le mani nell'acqua acidulata e mettete sopra il riso lasciando liberi i bordi dell'alga.
Cospargete di semi di sesamo e girate l'alga dall'altro verso.
Mettete il Wasabi nel centro, poi il salmone, l'avocado e arrotolate l'alga per chiuderla aiutandovi con la tovaglietta. Tagliate gli Uramaki con un coltello precedentemente bagnato nell'acqua acidulata.

LO SAPEVI CHE?

Il temine "Sushi" non significa "pesce crudo"; questo vocabolo indica il trattamento del riso con zucchero e aceto.

PIZZA DI BROCCOLI

INGREDIENTI

- 300g broccoli;
- 1 uovo;
- 20g parmigiano grattugiato;
- 10g farina di avena;
- Sale q.b.;
- Pepe q.b.;
- Origano q.b.;
- Curcuma q.b.

MACROS

259kcal
Grassi Totali: 11,30g
Colesterolo: 204mg
Sodio: 479mg
Carboidrati Totali: 22,15g
Fibra alimentare: 8,0g
Zuccheri: 5,64g
Proteine: 21,95g

PROCEDIMENTO

01 Lessate i broccoli e fateli scolare bene. Poi frullateli e mescolateli con tutti gli altri ingredienti;

02 Rivestite una teglia con carta da forno, formate la pizza con l'impasto e cuocete in forno a 180° per 15 minuti;

03 Conditela a piacere e cuocete per altri 5 minuti (noi l'abbiamo condita con sugo e mozzarella).

ZUPPA DI ZUCCA, CECI E CAVOLFIORE

INGREDIENTI (X 2 persone)

- 250g cavolfiore;
- 90g ceci secchi messi in ammollo per 1 notte e poi lessati;
- 200ml acqua di cottura dei ceci;
- Prezzemolo q.b.;
- 1 scalogno;
- 5g zenzero;
- 1 spicchio d'aglio;
- Sale q.b.;
- 2 cucchiai di olio e.v.o.;
- Pepe nero q.b.;
- Curcuma q.b.

MACROS

235kcal
Grassi Totali: 15g
Colesterolo: 0mg
Sodio: 148mg
Carboidrati Totali: 20,93g
Fibra alimentare: 7,2g
Zuccheri: 5,54g
Proteine: 6,91g

VEGAN — LACTOSE FREE

PROCEDIMENTO

01 Tritate lo scalogno, poi mettetelo in una pentola insieme all'aglio, allo zenzero, all'olio e a due mestoli di acqua di cottura dei ceci. Cuocete per 5 minuti;

02 Aggiungete la curcuma, il cavolfiore a pezzi e copritelo con l'acqua di cottura dei ceci. Unite il sale, il pepe e cuocete per 15 minuti;

03 Aggiungete i ceci, il prezzemolo e cuocete per altri 5 minuti;

04 Frullate metà della zuppa e rimettetela all'interno dell'altra metà. Mescolate il tutto e servite.

SOUVLAKI DI POLLO CON PITA E TZATZIKI

INGREDIENTI (X 2 persone)

- 300g petto di pollo;
- 2 cucchiaio di olio e.v.o.;
- Succo di 1 limone;
- 2 cucchiaini di senape;
- Origano, sale e pepe q.b.;
- 120g farina di grano duro;
- 4g lievito di birra fresco;
- 1/2 cucchiaino zucchero di canna integrale;
- 35ml acqua tiepida;
- 50ml latte senza lattosio tiepido;
- 1 cetriolo;
- Erba cipollina e aneto q.b.;
- 2 cucchiai aceto di mele;
- 60g yogurt greco bianco zero grassi;
- 1 spicchio di aglio.

MACROS

674kcal
Grassi Totali: 27,21g
Colesterolo: 127mg
Sodio: 625mg
Carboidrati Totali: 47,70g
Fibra alimentare: 4,1g
Zuccheri: 6,34g
Proteine: 56,57g

PROCEDIMENTO

01 Tagliate il petto di pollo a dadi. Marinatelo con un cucchiaio di olio, il succo di limone, la senape, il sale, l'origano e il pepe per un paio di ore;

02 Mettete i dadi di pollo nei bastoncini e cuoceteli in una piastra rovente;

03 Sciogliete il lievito nell'acqua e poi mescolatela con la farina, il latte, il sale e lo zucchero. Impastate, dividete in 2 panetti e stendeteli. Cuoceteli in padella rovente fino a quando vedete delle piccole bollicine in superficie (2 minuti per lato circa);

04 Lavate e togliete la buccia al cetriolo. Grattugiatelo e scolatelo. Mescolate infine con il sale, l'aglio grattugiato, l'altro cucchiaio di olio, l'aceto, lo yogurt, l'erba cipollina e l'aneto;

05 Servite il Souvlaki con la Pita e lo Tzatziki.

LASAGNA FIT

INGREDIENTI (X 4 persone)

- 300g semola;
- 150ml acqua tiepida;
- Sale q.b.;
- 2 cucchiai farina di riso;
- 2 cucchiai olio e.v.o.;
- 60ml latte di soia;
- 500g macinato di pollo;
- 2 carote;
- 2 coste di sedano;
- 1 spicchio d'aglio;
- 1/2 bicchiere di vino bianco;
- Peperoncino;
- 1 bottiglia di pomodoro;
- Basilico q.b.;
- 30g mozzarella light;
- Parmigiano q.b.

MACROS

758.50kcal per porzione
Grassi Totali: 28,23g
Colesterolo: 115,25mg
Sodio: 730,50mg
Carboidrati Totali: 69,40g
Fibra alimentare: 5,47g
Zuccheri: 10,17g
Proteine: 51,62g

PROCEDIMENTO

01 In una pentola mettete un cucchiaio di olio, il sedano tritato, la carota tritata, l'aglio, il peperoncino, il macinato di pollo, il sale e fate cuocere per 5 minuti. Aggiungete il vino e sfumate. Unite il pomodoro e cuocete in pentola a pressione per 1 ora o pentola normale per 2 ore;

02 Impastate la semola con l'acqua e un pizzico di sale. Lasciatela riposare in frigo per 20 minuti. Poi stendete l'impasto e formate dei rettangoli. Mettete a bollire l'acqua in una pentola e sbollentate i rettangoli di pasta per qualche secondo, poi metteteli in dell'acqua con ghiaccio e poi su carta da forno;

03 Fate la besciamella scaldando il latte in un pentolino. A parte mettete l'olio con la farina di riso a scaldare mentre girate con una frusta. Versate il latte a filo e, mentre mescolate a fuoco basso, aggiungete il sale e spegnete il fuoco;

04 In una teglia formate gli strati di lasagna mettendo il sugo di carne, la besciamella, il basilico, la mozzarella tagliata a cubetti. Spolverate infine con il parmigiano e infornate a 180° per 30 minuti.

HAMBURGER DI LENTICCHIE E SPINACI

INGREDIENTI (X 7 hamburger)

- 90g patate lesse;
- Curcuma q.b.;
- Aglio in polvere q.b.;
- Pepe q.b.;
- 2 cucchiai semola;
- 2 cucchiai olio e.v.o.;
- 150g lenticchie lesse;
- 1 foglia di alloro;
- 100g spinaci lessati.

MACROS

93,71kcal per hamburger
Grassi Totali: 5,41g
Colesterolo: 0mg
Sodio: 59,14mg
Carboidrati Totali: 9,06g
Fibra alimentare: 2,21g
Zuccheri: 0,61g
Proteine: 2,84g

VEGAN — LACTOSE FREE

PROCEDIMENTO

01 Frullate la patata con le lenticchie e gli spinaci. Aggiungete il sale, 1 cucchiaio di olio, il pepe, la semola, la curcuma e amalgamate il tutto;

02 Con l'impasto formate delle palline, schiacciatele leggermente al centro e formate gli hamburger;

03 Mettete gli hamburger in una teglia rivestita da carta da forno. Aggiungete l'olio restante e infornate a 180° per 15 minuti.

RISOTTO ALLA PESCATORA

INGREDIENTI (X 2 persone)

- 200g vongole sgusciate (spurgate e aperte in padella con acqua e 1/2 cucchiaio di olio e.v.o.);
- 200g cozze sgusciate (Pulite e aperte in padella con acqua e 1/2 cucchiaio di olio e.v.o.);
- 150g moscardini puliti;
- 2 spicchi di aglio;
- 160g riso per risotto;
- Prezzemolo, sale e peperoncino q.b.;
- 1 cucchiaio di olio e.v.o.;
- Acqua di cottura delle vongole e delle cozze.

MACROS

682kcal per porzione
Grassi Totali: 25,54g
Colesterolo: 98mg
Sodio: 515mg
Carboidrati Totali: 69,62g
Fibra alimentare: 0,7g
Zuccheri: 0,43g
Proteine: 41,77g

LACTOSE FREE

PROCEDIMENTO

01 Tostate il riso in un tegame ben rovente per qualche secondo. Aggiungete poi i moscardini tagliati a pezzetti, l'aglio e l'acqua di cottura delle vongole e delle cozze. Cuocete per 5 minuti;

02 Aggiungete l'olio, il peperoncino, poco sale e cuocete per il tempo di cottura del risotto aggiungendo man mano l'acqua di cottura delle vongole e delle cozze;

03 Aggiungete il prezzemolo e a 1 minuto di fine cottura le cozze e le vongole, amalgamate il tutto, rimuovete l'aglio e servite con prezzemolo;

LO SAPEVI CHE?

Le cozze hanno un muscolo che permette la chiusura della conchiglia, perciò quando questo non tiene chiusa la conchiglia vuol dire che il mollusco è morto. Attenzione dunque a cucinare e mangiare le cozze che mostrano la conchiglia aperta prima della cottura!

INSALATA DI FARRO ALLA GRECA

INGREDIENTI (X 2 persone)

- 1 cetriolo;
- 30g basilico;
- 1 cucchiaio di olio e.v.o.;
- 160g farro;
- 1 cipolla di Tropea;
- 6 pomodorini;
- 8 olive nere denocciolate;
- 100g feta;
- Sale q.b.;
- Pepe q.b.

MACROS

471kcal per porzione
Grassi Totali: 15,50g
Colesterolo: 0mg
Sodio: 807mg
Carboidrati Totali: 66,01g
Fibra alimentare: 12,50g
Zuccheri: 4,20g
Proteine: 20,25g

PROCEDIMENTO

01 Cuocete il farro in una pentola con acqua e sale per il tempo indicato, poi scolatelo;

02 Frullate il cetriolo con l'olio e il basilico;

03 Tagliate finemente la cipolla di Tropea, poi tagliate le olive e i pomodorini a metà e la feta a cubetti;

04 Mescolate il farro con le olive, il cetriolo frullato, i pomodorini, la cipolla, la feta e il pepe;

LO SAPEVI CHE?

Le proteine della feta sono altamente digeribili poichè la lavorazione a cui viene sottoposto il formaggio comporta l'idrolisi parziale delle caseine.

INSALATA DI QUINOA, SEPPIE E GAMBERETTI

INGREDIENTI (X 2 persone)

- 120g quinoa;
- 100g seppie pulite;
- 50g gamberetti puliti, sgusciati;
- Scorza grattugiata di 1 limone non trattato;
- Prezzemolo q.b.;
- 1 cucchiaio di olio e.v.o.;
- Sale q.b.

MACROS

342kcal per porzione
Grassi Totali: 10,73g
Colesterolo: 56mg
Sodio: 199mg
Carboidrati Totali: 42,48g
Fibra alimentare: 3,5g
Zuccheri: 0,00g
Proteine: 19,38g

LACTOSE FREE

PROCEDIMENTO

01 Cuocete la quinoa in una pentola con acqua, sale per il tempo indicato, poi scolatela;

02 Cuocete le seppie in una padella antiaderente ben calda e poi tagliatele a striscioline;

03 Portate a bollore un pentolino con acqua e cuocete i gamberetti per 5 minuti;

04 Mescolate la quinoa con le seppie, l'olio, il prezzemolo, la scorza di limone e i gamberetti.

POLENTA FUNGHI PORCINI E CASTAGNE

INGREDIENTI (X 2 persone)

- 10 castagne bollite e sgusciate;
- 200g bocconcini di pollo;
- 1 carota;
- 1/2 cipolla rossa;
- 1 costa di sedano;
- 1/2 bicchiere di vino bianco;
- 300g farina per polenta;
- Sale q.b.;
- 600ml acqua;
- 150g funghi porcini freschi oppure 50g funghi porcini secchi messi in ammollo per 20 minuti in acqua;
- 1 cucchiaio di olio e.v.o.;
- Prezzemolo e curcuma q.b.;
- Peperoncino (facoltativo);

MACROS

689kcal per porzione
Grassi Totali: 17,15g
Colesterolo: 84mg
Sodio: 721mg
Carboidrati Totali: 83,52g
Fibra alimentare: 9,3g
Zuccheri: 7,45g
Proteine: 38,72g

LACTOSE FREE

PROCEDIMENTO

01 Tagliate a metà i bocconcini di pollo;

02 In una padella mettete la cipolla tritata, il peperoncino, il sedano e la carota tagliati a fettine sottili, l'olio, 1/2 bicchiere di acqua e cuocete per 10 minuti;

03 Aggiungete il pollo, il vino, il sale e sfumate per 2 minuti, dopodiché aggiungete la curcuma e seguitate la cottura per altri 10 minuti con coperchio;

04 Aggiungete ora i funghi porcini scolati e cuocete per 5 minuti (vi consigliamo di prepararvi sempre un pò di acqua calda con un pentolino, in maniera che se i liquidi sfumano, ne aggiungete un pò);

05 Preparate la polenta facendo bollire i 600 ml di acqua. Poi aggiungete il sale e la farina a pioggia man mano che mescolate con una mestolo di legno per circa 45 minuti;

06 Frullate un pò di prezzemolo con i funghi porcini e due castagne, poi aggiungetelo al condimento. Una volta pronta la polenta, servitela con sopra lo spezzatino di pollo, il prezzemolo e le castagne rimaste.

LO SAPEVI CHE?

Nella cultura contadina, le castagne sono note come "pane di montagna" o come "il cereale che cresce sull'albero". Sono infatti da considerarsi un sostituto dei cereali.

ZUPPA DI PESCE

INGREDIENTI (X 2 persone)

- 10 scampetti;
- Testa e scarti di 1 ombrina o spigola o orata;
- 100g vongole;
- 100g cozze;
- Prezzemolo q.b.;
- Sale q.b.;
- 2 cucchiai olio e.v.o.;
- Peperoncino (facoltativo);
- 1 spicchio di aglio;
- 1/2 bicchiere di vino bianco;
- 1 pomodoro grappolo.

MACROS

337kcal per porzione
Grassi Totali: 21,56g
Colesterolo: 129mg
Sodio: 471mg
Carboidrati Totali: 6,75g
Fibra alimentare: 0,7g
Zuccheri: 1,87g
Proteine: 19,67g

LACTOSE FREE

PROCEDIMENTO

01 Bollite gli scarti dell'Ombrina o dell'orata, o della spigola (testa, coda e spina centrale) per 15 minuti. Filtrate il brodo e mettete da parte;

02 Spurgate le vongole e apritele in padella con il cucchiaio d'olio e 1/2 bicchiere d'acqua; Poi filtrate il sughetto e sgusciate la maggior parte delle vongole;

03 Pulite le cozze e apritele in padella con il cucchiaio d'olio e 1/2 bicchiere d'acqua; Poi filtrate il sughetto e sgusciate la maggior parte delle cozze. Unite i sughetti al brodo di pesce;

04 In un tegame mettete il pomodoro tagliato a pezzetti, il peperoncino, un mestolo di brodo di pesce e gli scampetti. Cuocete per 5 minuti e sfumate con il vino. Lasciate evaporare e unite il resto del brodo, le vongole e le cozze. Spengete il fuoco e servite con prezzemolo e crostini integrali.

PRIMI

TRENETTE AGLIO E MENTA

INGREDIENTI

- 80g pasta di semola;
- Sale q.b.;
- Menta q.b.;
- 10g pinoli;
- 1 spicchio di aglio;
- Prezzemolo q.b.;
- 10g Pangrattato;
- 1 cucchiaio olio e.v.o.

MACROS

517kcal
Grassi Totali: 22,49g
Colesterolo: 3mg
Sodio: 74mg
Carboidrati Totali: 66,23g
Fibra alimentare: 3,4g
Zuccheri: 3,81g
Proteine: 13,14g

VEGAN — Nickel FREE — LACTOSE FREE

PROCEDIMENTO

01 Tostate i pinoli in una padella rovente per qualche secondo;

02 Portate a bollore l'acqua in una pentola. Aggiungete il sale e cuocete la pasta;

03 Prendete un mestolo di acqua di cottura della pasta e frullatela con la menta e il prezzemolo;

04 Rosolate l'aglio in olio per qualche secondo poi una volta che la pasta è pronta aggiungetela in padella con l'acqua di cottura con la menta e il prezzemolo e amalgamate il tutto. Spengete poi il fuoco, aggiungete i pinoli, il pangrattato, mescolate e servite.

LO SAPEVI CHE?

Per conservare correttamente il pangrattato è bene riporlo in un barattolo di vetro insieme ad una foglia di alloro secco. E' importante inoltre collocare il contenitore in un luogo fresco, buio e asciutto.

TAGLIATELLE FIBRA DI BAMBOO

INGREDIENTI

- 80g farina di semi di lino;
- 20g fibra di bamboo;
- 1 cucchiaio gomma di xantano;
- 2 uova.

MACROS

552kcal
Grassi Totali: 42,37g
Colesterolo: 372mg
Sodio: 152mg
Carboidrati Totali: 2,06g
Fibra alimentare: 45,3g
Zuccheri: 1,98g
Proteine: 30,21g

LACTOSE FREE

PROCEDIMENTO

01 Unite le due farine alla gomma di xantano e alle uova. Impastate e lasciate riposare per 15 minuti;

02 Stendete l'impasto con il mattarello. Arrotolate l'impasto e tagliate con il coltello i rotolini dello spessore come le tagliatelle;

03 Srotolate delicatamente i rotolini e ottenete così le tagliatelle (siate delicati altrimenti l'impasto si può spezzare. Se trovate difficoltà potete tagliare le tagliatelle senza fare i rotolini, ovvero tagliare direttamente dall'impasto spianato);

04 Mettete una pentola a bollire con acqua e sale e cuocete le vostre tagliatelle (tempo di cottura circa 8 minuti). Conditele a vostro piacimento.

RISOTTO AL CAVOLO VIOLA

INGREDIENTI (X 2 persone)

- 160g riso per risotto;
- 200g cavolo viola;
- 1 cucchiaio olio e.v.o.;
- 1/2 bicchiere di vino bianco;
- 1 scalogno;
- 50g parmigiano grattugiato;
- Brodo vegetale fatto con 1 carota, 1 cipolla e 20g del cavolo viola;
- Sale q.b.;
- Prezzemolo q.b.

MACROS

495kcal per porzione
Grassi Totali: 8,74g
Colesterolo: 22mg
Sodio: 447mg
Carboidrati Totali: 78,79g
Fibra alimentare: 4,4g
Zuccheri: 7,92g
Proteine: 17,75g

LACTOSE FREE

PROCEDIMENTO

01 Fate il brodo vegetale mettendo l'acqua in un tegame, i 20g di cavolo viola, la cipolla e la carota. Cuocete per 30 minuti;

02 Tagliate a striscioline il cavolo viola rimanente e mettetelo in un tegame. Tagliate lo scalogno anch'esso a striscioline e aggiungetelo al tegame con l'olio e fate cuocere per 5 minuti;

03 Aggiungete il vino e sfumate per qualche secondo poi salate, frullate il tutto e rimettetelo nel tegame;

04 Aggiungete il riso nella cremina, mescolate il tutto e cuocete fino a cottura del risotto aggiungendo il brodo vegetale che avete fatto al bisogno;

05 A cottura ultimata, spengete il fuoco, unite il parmigiano a lunga stagionatura e amalgamate il tutto. Servite il risotto con un pò di prezzemolo.

SPAGHETTI CREMOSI AI BROCCOLI

INGREDIENTI

- 80g spaghetti;
- 100g broccolo siciliano;
- 1 spicchio d'aglio;
- Peperoncino (facoltativo);
- 1 cucchiaio olio e.v.o.;
- 20g certosa light;
- Basilico q.b.;
- Sale q.b.;
- 5g granella di mandorle.

MACROS

503kcal per porzione
Grassi Totali: 19,52g
Colesterolo: 0mg
Sodio: 98mg
Carboidrati Totali: 64,11g
Fibra alimentare: 5,4g
Zuccheri: 5,04g
Proteine: 18,68g

PROCEDIMENTO

01 Mettete i broccoli tagliati in un pentolino con acqua. Sbollentateli per 10 minuti;

02 In una padella mettete l'aglio, l'olio, il peperoncino e non appena i broccoli sono pronti, uniteli nella padella insieme al sale e due mestoli della loro acqua di cottura. Cuocete per altri 10 minuti;

03 Frullate poi i broccoli con il basilico e mettete da parte;

04 Mescolate il certosa light per farlo diventare una crema;

05 Una volta pronti gli spaghetti (cotti nell'acqua di cottura dei broccoli) amalgamateli con la crema di broccoli e servite con il certosa e la granella di mandorle.

RISO VENERE ORIENTALE

INGREDIENTI (X 2 persone)

- 160g riso venere;
- 2 uova;
- 20g speck;
- Prezzemolo q.b.;
- 1 cipollotto;
- 2 cucchiai olio e.v.o.;
- 1/2 peperone rosso;
- 1 zucchina;
- 1 carota;
- 2 cucchiai salsa di soia;
- 1 cucchiaio mirin;
- Pepe q.b.;
- curcuma q.b.;
- Paprika q.b.;
- Peperoncino (facoltativo).

MACROS

542kcal per porzione
Grassi Totali: 22,54g
Colesterolo: 194mg
Sodio: 1012mg
Carboidrati Totali: 68,03g
Fibra alimentare: 5,6g
Zuccheri: 5,52g
Proteine: 16,46g

LACTOSE FREE

PROCEDIMENTO

01 Fate bollire l'acqua per il riso. Una volta che bolle aggiungete il sale e il riso. Fate cuocere fino a cottura (in genere 18 minuti), poi scolatelo;

02 In una padella rovente mettete lo speck tagliato a striscioline, fatelo rosolare per qualche secondo poi toglietelo e mettetelo da parte;

03 Sbattete le uova in un piatto con la curcuma, il pepe, la paprika. Mettetele in una padella con 1 cucchiaio di olio e muovetele con la forchetta. Una volta pronte toglietele e mettetele da parte;

04 In padella mettete l'altro cucchiaio di olio, il peperoncino, le carote grattugiate, le zucchine grattugiate, il cipollotto tagliato a pezzetti, il peperone a cubetti e fate cuocere per un paio di minuti. Aggiungete il Mirin e fate sfumare, poi la salsa di soia e il riso venere cotto. Mescolate, spadellate per 5 minuti. Aggiungete l'uovo e lo speck, mescolate ancora e servite con prezzemolo.

LO SAPEVI CHE?

Il Mirin è un ingrediente fondamentale della cucina giapponese. Ha un sapore più complesso e aromatico che è trasmesso anche alle pietanze, rendendole più sofisticate. Inoltre rende i cibi più brillanti e invitanti, come se fossero glassati.

PASTA FREDDA SPECK E NOCI

INGREDIENTI (X 2 persone)

- 120g pasta;
- 4 noci;
- 50g rucola;
- 20g scaglie di parmigiano;
- 50g speck tagliato a striscioline;
- 1 cucchiaio di olio e.v.o.;
- Sale q.b.

MACROS

392kcal per porzione
Grassi Totali: 14,80g
Colesterolo: 28mg
Sodio: 192mg
Carboidrati Totali: 45,08g
Fibra alimentare: 2,7g
Zuccheri: 2,90g
Proteine: 20,02g

LACTOSE FREE

PROCEDIMENTO

01 Fate bollire l'acqua per la pasta. Una volta che bolle aggiungete il sale e cuocete la pasta. Poi scolatela e lasciatela freddare oppure freddatela con acqua fredda se andate di fretta;

02 Tritate le noci grossolanamente con un coltello;

03 Mescolate la pasta con la rucola, lo speck, le noci, le scaglie di parmigiano a lunga stagionatura e l'olio e.v.o.

RISO VENERE PROFUMATO

INGREDIENTI (X 2 persone)

- 160g riso venere;
- 100g salmone affumicato;
- 100g tonno in scatola sgocciolato;
- 100g rucola;
- Sale q.b.;
- Succo di 1 limone non trattato;
- 8 olive taggiasche;
- Prezzemolo q.b.;
- Peperoncino (facoltativo).

MACROS

482kcal per porzione
Grassi Totali: 10,62g
Colesterolo: 40mg
Sodio: 1811mg
Carboidrati Totali: 64,52g
Fibra alimentare: 4,0g
Zuccheri: 2,94g
Proteine: 30,63g

LACTOSE FREE

PROCEDIMENTO

01 Cuocete il riso venere per il tempo indicato nella confezione (di solito 18minuti);

02 Nel frattempo in una ciotola mettete il tonno sgocciolato, il salmone tagliato a striscioline, la rucola, il sale, il limone, il peperoncino, le olive tagliate a pezzetti e il prezzemolo. Mischiate tutti gli ingredienti;

03 Una volta pronto il riso, scolatelo e aggiungetelo al resto degli ingredienti mescolando bene il tutto.

LO SAPEVI CHE?

Nel riso Venere la colorazione insolita non è ottenuta con processi artificiali ma è dovuta alla presenza naturale di antociani, potenti antiossidanti che si trovano in molte varietà di frutta e verdura dal colore viola-blu e hanno un'azione anti tumorale e ipo-colesterolemizzante, oltre a contrastare i radicali liberi.

PASTA FREDDA RICOTTA E NOCI

INGREDIENTI (X 2 persone)

- 140g pasta
- 1 zucchina;
- 1 cucchiaio olio e.v.o.;
- Sale q.b.;
- 1 spicchio d'aglio;
- 1/2 bicchiere di acqua;
- 200g ricotta light;
- Erba cipollina q.b.;
- Basilico, curcuma, pepe rosa, peperoncino q.b.;
- 3 noci tritate.

MACROS

448kcal per porzione
Grassi Totali: 17,11g
Colesterolo: 0mg
Sodio: 7mg
Carboidrati Totali: 54,62g
Fibra alimentare: 2,4g
Zuccheri: 7,04g
Proteine: 18,71g

LACTOSE FREE

PROCEDIMENTO

01 Fate bollire l'acqua per la pasta. Una volta che bolle aggiungete il sale e cuocete la pasta. Poi scolatela e lasciatela freddare oppure freddatela con acqua fredda se andate di fretta;

02 Tagliate la zucchina a metà e poi a fettine sottili. Mettetela in una padella con l'olio, l'aglio, il peperoncino e il bicchiere di acqua e cuocete per 5 minuti. Poi aggiungete la curcuma, il sale e fate cuocere per altri 5 minuti;

03 Mescolate la ricotta con il sale e le spezie;

04 Fate freddare le zucchine, poi unitele alla pasta, alla ricotta, alle noci, al basilico e mescolate il tutto.

LO SAPEVI CHE?

Esistono molte tipologie di noci: Pecan, del Brasile, di Mongogo, Kemiri e Rosse. In particolare le noci Pecan contengono L-arginina, un aminoacido che migliora l'elasticità delle pareti dei vasi sanguigni, favorendo la circolazione sanguigna e dunque l'afflusso di sangue anche nel cuoio capelluto.

BUCATINI COZZE E PECORINO

INGREDIENTI (X 2 persone)

- 160g bucatini;
- Sale q.b.;
- 100g cozze (pulite, cotte in acqua e sgusciate);
- 150g salsa di pomodoro;
- 2 cucchiai olio e.v.o.;
- Prezzemolo q.b.;
- Peperoncino (facoltativo);
- 20g pecorino grattugiato;
- 2 spicchi di aglio.

MACROS

514kcal per porzione
Grassi Totali: 18,68g
Colesterolo: 24mg
Sodio: 272mg
Carboidrati Totali: 63,96g
Fibra alimentare: 3,5g
Zuccheri: 6,00g
Proteine: 21,50g

LACTOSE FREE

PROCEDIMENTO

01 Mettete l'aglio, l'olio, il peperoncino e la salsa di pomodoro in una padella e cuocete per 10 minuti. Aggiungete poco sale e le cozze con la loro acqua di cottura. Spengete il fuoco;

02 Mettete una pentola con acqua a bollire e cuocete i bucatini con poco sale (le cozze sono generalmente già salate);

03 Scolate i bucatini e aggiungeteli al condimento. Unite il pecorino e servite con prezzemolo.

TAGLIATELLE AL GRANO SARACENO ALLO SGOMBRO

INGREDIENTI (X 2 persone)

- 160g tagliatelle integrali al grano saraceno;
- 8 pomodorini;
- Peperoncino (facoltativo);
- Prezzemolo q.b.;
- Sale q.b.;
- 1 cipolla di tropea;
- 125g sgombro sott'olio sgocciolato;
- 1/2 bicchiere di vino bianco.

MACROS

393kcal per porzione
Grassi Totali: 2,49g
Colesterolo: 0mg
Sodio: 556mg
Carboidrati Totali: 57,78g
Fibra alimentare: 5,4g
Zuccheri: 4,74g
Proteine: 24,43g

LACTOSE FREE

PROCEDIMENTO

01 Mettete a bollire l'acqua in una pentola e poco prima che bolle aggiungete il sale e poi cuocete la pasta per il tempo di cottura indicato;

02 In una padella mettete la cipolla tritata con il coltello, i pomodorini tagliati a metà, il peperoncino, 1/2 bicchiere d'acqua e cuocete per 5 minuti;

03 Aggiungete il sale, il vino, fate sfumare e poi spengete il fuoco. Aggiungete lo sgombro tagliato a pezzetti e il prezzemolo;

04 Poco prima di fine cottura della pasta, scolatela e amalgamatela negli ingredienti con un mestolo della sua acqua di cottura. Servite con prezzemolo.

FETTUCCINE DI CASTAGNE

INGREDIENTI (X 2 persone)

- 150g funghi porcini freschi;
- 80g semola;
- 80g farina di castagne;
- 80ml acqua tiepida;
- Sale q.b.;
- 1 spicchio d'aglio;
- Peperoncino (facoltativo);
- Prezzemolo q.b.;
- 2 cucchiai olio e.v.o.;
- 1/2 bicchiere di vino bianco.

MACROS

438kcal per porzione
Grassi Totali: 15,66g
Colesterolo: 0mg
Sodio: 6mg
Carboidrati Totali: 58,03g
Fibra alimentare: 6,1g
Zuccheri: 10,59g
Proteine: 10,97g

VEGAN · LACTOSE FREE

PROCEDIMENTO

01 Unite la semola e la farina di castagne. Mettete il sale, aggiungete l'acqua tiepida e amalgamate il tutto. Impastate fino ad ottenere un impasto liscio e omogeneo. Ricopritelo con la pellicola trasparente e mettetelo in frigo per 20 minuti;

02 Pulite i funghi con un panno umido e uno spazzolino per togliere la terra;

03 In una padella mettete l'aglio, l'olio, il peperoncino e i funghi tagliati a fettine. Cuocete per pochi secondi, poi aggiungete il vino e cuocete per 5 minuti. Mettete il sale e il prezzemolo;

04 Prendete l'impasto dal frigo e con una spolverata di semola impastate ancora un po'. Poi dividete l'impasto e stendetelo con il mattarello a strisce rettangolari. Arrotolate l'impasto steso, tagliate con il coltello con lo spessore delle fettuccine e poi strotolate le striscioline. Fate lo stesso con le altre parti dell'impasto e mettete da parte le fettuccine coperte con un panno;

05 Fate bollire l'acqua in una pentola. Raggiunto il bollore, aggiungete il sale e poi le fettuccine. Fatele cuocere per 5 minuti. Frullate un mestolo d'acqua della loro cottura con il prezzemolo e qualche fettina dei funghi porcini appena cotti. Finite di cuocere la pasta nel condimento per altri 3 minuti aggiungendo l'emulsione del prezzemolo e servite.

FREGOLA CON LE ARSELLE

INGREDIENTI (X 2 persone)

- 1 spicchio di aglio;
- 300g vongole;
- 160g fregola sarda;
- Peperoncino (facoltativo);
- Sale q.b.;
- Pepe q.b.;
- 2 cucchiai olio e.v.o.;
- 150g pomodori pelati;
- Prezzemolo q.b.

MACROS

528kcal per porzione
Grassi Totali: 16,09g
Colesterolo: 51mg
Sodio: 85mg
Carboidrati Totali: 62,87g
Fibra alimentare: 3,9g
Zuccheri: 3,42g
Proteine: 30,73g

LACTOSE FREE

PROCEDIMENTO

01 Mettete in una padella l'olio, l'aglio, il peperoncino, il pepe e le vongole spurgate precedentemente in acqua e sale per 1 ora, Fatele aprire poi toglietele, filtrate la loro acqua di cottura con un colino e mettete il tutto da parte;

02 Tagliate i pomodori pelati a pezzetti;

03 Nella padella mettete i pomodori pelati, la fregola, un pò di acqua di cottura delle vongole, 1 pizzico di sale e cuocete per 8 minuti (aggiungete altra acqua delle vongole durante la cottura se necessario);

04 Nel frattempo sgusciate le vongole e lasciatene 4 da parte per la decorazione;

05 A cottura ultimata della fregola, spengete il fuoco, aggiungete il prezzemolo, le vongole sgusciate e mescolate il tutto. Servite la fregola con altro prezzemolo e le vongole che avete lasciato per la decorazione.

GNOCCHETTI SPECK E ZUCCA

INGREDIENTI (X 2 persone)

- 160g gnocchetti;
- 45g speck;
- 250g zucca;
- Sale q.b.;
- Basilico q.b.;
- 20g porro;
- Peperoncino (facoltativo);
- 20g parmigiano grattugiato.

MACROS

437kcal per porzione
Grassi Totali:9,24g
Colesterolo:28mg
Sodio:172mg
Carboidrati Totali:66,95g
Fibra alimentare:3,2g
Zuccheri:4,98g
Proteine:21,61g

LACTOSE FREE

PROCEDIMENTO

01 Rosolate per pochi secondi lo speck in una padella rovente e mettetelo da parte;

02 Tagliate a cubetti la zucca, mettetela in padella con 2 bicchieri di acqua e cuocetela per 10 minuti;

03 Tagliate il porro a fettine sottili, aggiungetelo alla zucca insieme al sale, al peperoncino e cuocete per altri 10 minuti;

04 Frullate il basilico con 2 mestoli di acqua bollente e la zucca che abbiamo cotto (lasciandone un po' da parte) e rimettetela in padella;

05 Mettete a bollire l'acqua e quando bolle aggiungete il sale. Cuocete gli gnocchetti. Una volta pronti, amalgamateli al condimento e servite con parmigiano a lunga stagionatura.

LO SAPEVI CHE?

Il porro fa parte della famiglia delle cipolle e dello scalogno ma ha un gusto molto più delicato ed è più digeribile. Per questo motivo viene utilizzato anche come protagonista principale in numerose ricette.

GNOCCHI DI ZUCCA

INGREDIENTI (X 4 persone)

- 500g zucca;
- 200g farina;
- 350g patate;
- Noce moscata q.b.;
- Sale q.b.;
- 1 spicchio d'aglio;
- 2 cucchiai olio e.v.o.;
- Salvia q.b.;
- 30g parmigiano grattugiato.

MACROS

375,50kcal per porzione
Grassi Totali: 8,55g
Colesterolo: 6,50mg
Sodio: 339,50mg
Carboidrati Totali: 65,04g
Fibra alimentare: 4,27g
Zuccheri: 2,66g
Proteine: 11,01g

LACTOSE FREE

PROCEDIMENTO

01 Tagliate la zucca e infornatela in una teglia rivestita da carta da forno a 180° x 20 minuti;

02 Avvolgete le patate in una pellicola trasparente, bucherellatele con uno stuzzicadenti e mettetele in microonde x 7 minuti oppure bollitele in acqua bollente senza avvolgerle nella pellicola,;

03 Una volta pronte le patate, togliete la pellicola e schiacciatele con lo schiacciapatate (la buccia andrà via da sola perchè rimarrà nello schiacciapatate);

04 Schiacciate anche la zucca con lo schiacciapatate e scolatela. Unitela poi alle patate insieme al sale, la noce moscata e la farina. Impastate il tutto poi dividete l'impasto, fate dei serpentini e ricavate gli gnocchi;

05 Mettete a bollire l'acqua e quando bolle aggiungete il sale e cuocete gli gnocchi. Togliete 2 mestoli di acqua della loro cottura;

06 In una padella mettete l'aglio, l'olio, la salvia e 2 mestoli di acqua di cottura degli gnocchi. Fate cuocere per 5 minuti;

07 Una volta pronti gli gnocchi, scolateli e amalgamateli al condimento. Servite con parmigiano a lunga stagionatura.

RISOTTO AL MELOGRANO

INGREDIENTI (X 2 persone)

- 1 melograno;
- 1 cucchiaio d'olio e.v.o.;
- 50g porro;
- Peperoncino facoltativo;
- 160g riso per risotto;
- 1 carota;
- 1/2 cipolla rossa;
- Prezzemolo;
- Sale q.b.

MACROS

426kcal per porzione
Grassi Totali: 8,42g
Colesterolo: 0mg
Sodio: 2350mg
Carboidrati Totali: 82,41g
Fibra alimentare: 2,7g
Zuccheri: 16,35g
Proteine: 7,33g

VEGAN • LACTOSE FREE

PROCEDIMENTO

01 Togliete i semi dal melograno, frullateli e filtrate il succo con un colino. Mettetelo da parte;

02 Fate il brodo vegetale mettendo la carota, la cipolla, l'acqua e il sale. Fate bollire per 30 minuti poi spengete il fuoco e mettete da parte;

03 In un tegame mettete l'olio, il peperoncino, il porro tagliato a fettine e rosolate per qualche secondo. Aggiungete il riso mentre lo mescolate con il condimento e metà del succo di melograno. Aggiungete il brodo vegetale al bisogno mentre cuocete il risotto;

04 A metà cottura aggiungete l'altra metà del succo di melograno e terminate la cottura sempre aggiungendo altro brodo vegetale al bisogno;

05 A fine cottura aggiungete il prezzemolo e servite,

INVOLTINI DI MELANZANE CON SPAGHETTI

INGREDIENTI (X 2 persone)

- 160g spaghetti;
- 300g salsa di pomodoro;
- 1 melanzana;
- 20g parmigiano grattugiato;
- Basilico q.b.;
- 1 spicchio d'aglio;
- Peperoncino (facoltativo);
- Sale q.b.;
- 2 cucchiai olio e.v.o.

MACROS

542kcal per porzione
Grassi Totali: 21,36g
Colesterolo: 9mg
Sodio: 155mg
Carboidrati Totali: 68,57g
Fibra alimentare: 5,7g
Zuccheri: 5,18g
Proteine: 18,41g

LACTOSE FREE

PROCEDIMENTO

01 Tagliate la melanzana per lungo a fettine e grigliatela;

02 Nella padella mettete l'aglio, l'olio, la salsa di pomodoro, 1 bicchiere di acqua e il peperoncino. Cuocete per 15 minuti e aggiungete il basilico con il sale;

03 Fate bollire una pentola con acqua, poi mettete il sale e cuocete gli spaghetti. 2 minuti prima di fine cottura, scolate gli spaghetti e aggiungeteli al sugo. Mescolate il tutto;

04 Formate gli involtini mettendo gli spaghetti sopra di due fette di melanzana, un pò di parmigiano e poi richiudeteli;

05 Mettete gli involtini in una teglia da forno, copriteli con il sugo rimasto, spolverate con il parmigiano a lunga stagionatura e infornate a 180° per 10 minuti.

MINESTRA DI PATATE E PISELLI

INGREDIENTI (X 2 persone)

- 1 cipolla;
- Sale q.b.;
- 2 cucchiai olio e.v.o.;
- 50g salsa di pomodoro;
- Peperoncino (facoltativo);
- 150g patate;
- 80g ditaloni;
- 80g pisellini;
- Rosmarino q.b.

MACROS

388kcal per porzione
Grassi Totali: 16,45g
Colesterolo: 0mg
Sodio: 199mg
Carboidrati Totali: 50,78g
Fibra alimentare: 5,2g
Zuccheri: 5,07g
Proteine: 8,36g

VEGAN — LACTOSE FREE

PROCEDIMENTO

01 Tritate la cipolla con il coltello e mettetela in un tegame con l'olio e 1/2 bicchiere di acqua, Unite il peperoncino, il rosmarino e cuocete per 5 minuti;

02 Aggiungete la salsa di pomodoro, 500 ml acqua, il sale, le patate tagliate a cubetti, i piselli e fate cuocere per 45 minuti;

03 Aggiungete i ditaloni e fateli cuocere per il loro tempo di cottura;

04 Servite la minestra con qualche ciuffo di rosmarino.

ORECCHIETTE CON CIME DI RAPA

INGREDIENTI (X 2 persone)

- 160g orecchiette;
- 50g cime di rapa capate e pulite;
- 1 spicchio d'aglio;
- 1 alice;
- Peperoncino (facoltativo);
- Sale q.b.;
- 2 cucchiai olio e.v.o.

MACROS

259kcal per porzione
Grassi Totali:14,58g
Colesterolo:0mg
Sodio:195mg
Carboidrati Totali:26,24g
Fibra alimentare:2,2g
Zuccheri:0,57g
Proteine:6,17g

LACTOSE FREE

PROCEDIMENTO

01. Mettete in una pentola acqua fredda con le cime di rapa, poi fate bollire per 5 minuti;
02. Nel frattempo in una padella mettete l'aglio, l'alice, il peperoncino, 1/2 bicchiere d'acqua e fate cuocere per 5 minuti;
03. Aggiungete le cime di rapa in padella (dopo che hanno bollito per 5 minuti), il sale e fate cuocere per altri 5 minuti. Aggiustate di sale;
04. Aggiungete il sale e le orecchiette nell'acqua che bolle dove vi erano le cime di rapa e fatele cuocere;
05. Frullate un cucchiaio di cime di rapa e 1 mestolo di acqua di cottura della pasta poi rimettetelo in padella;
06. Scolate le orecchiette 2 minuti prima di fine cottura, ripassatele nel condimento e poi servitele.

ZUPPETTA ORIENTALE

INGREDIENTI (X 2 persone)

- 100g farina di riso;
- 50g farina di tapioca;
- 50ml acqua;
- 2 uova;
- 3 carote;
- Sale q.b.;
- 1 scalogno;
- 1 costa di sedano;
- 20g zenzero;
- 50g broccoli;
- 1 zucchina;
- 2 cucchiai salsa di soia.

MACROS

364kcal per porzione
Grassi Totali: 5,23g
Colesterolo: 186mg
Sodio: 1068mg
Carboidrati Totali: 67,59g
Fibra alimentare: 5,2g
Zuccheri: 7,18g
Proteine: 13,00g

LACTOSE FREE

PROCEDIMENTO

01 In una ciotola mettete le farine, l'acqua, 1 uovo e impastate fino ad ottenere un impasto liscio e omogeneo. Poi dividetelo in 2 parti, stendetelo e con il coltello tagliatelo per formare la pasta: tagliolini. Non arrotolate l'impasto perchè potrebbe spezzarsi;

02 Preparate il brodo di verdure con 1 carota, lo scalogno, la costa di sedano e lo zenzero, mettendo il tutto in una pentola con acqua. Cuocete per 15 minuti;

03 Tagliate i broccoli, la zucchina e le altre 2 carote a striscioline. Mettetele in un wok con 1 bicchiere del brodo di verdure che avete preparato e cuocete per 15 minuti;

04 Aggiungete poi la pasta, il sale, la salsa di soia e cuocete per 12 minuti. A fine cottura aggiungete l'uovo, mescolate e fate cuocere per altri 5 minuti.

PASTA CON LE MELANZANE

INGREDIENTI (X 2 persone)

- 1 melanzana;
- 160g pasta integrale;
- 1 spicchio d'aglio;
- 1 cucchiaio olio e.v.o.;
- Peperoncino (facoltativo);
- Sale q.b.;
- 350g salsa di pomodoro;
- Basilico q.b.;
- 20g parmigiano grattugiato.

MACROS

491kcal per porzione
Grassi Totali: 15,14g
Colesterolo: 9mg
Sodio: 161mg
Carboidrati Totali: 74,34g
Fibra alimentare: 3,4g
Zuccheri: 2,46g
Proteine: 19,29g

LACTOSE FREE

PROCEDIMENTO

01 Tagliate la melanzana a rondelle e grigliatela;

02 In una padella mettete l'aglio, l'olio, la salsa di pomodoro e il peperoncino. Cuocete per 10 minuti;

03 Tagliate a striscioline le melanzane grigliate e aggiungetele al sugo con basilico e sale. Cuocete per altri 15 minuti;

04 Mettete a bollire l'acqua in una pentola. Quando bolle aggiungete il sale e cuocete la pasta;

05 Amalgamate la pasta con il sugo e un mestolo della sua acqua di cottura. Spolverate con parmigiano a lunga stagionatura e servite.

LO SAPEVI CHE?

La pasta integrale è amica del dimagrimento non perchè contine meno calorie rispetto alla pasta "bianca" ma perchè ha un quantitativo maggiore di fibre e carboidrati complessi che ci aiutano a sentire più sazi.

RISOTTO ZUCCA E INDIVIA

INGREDIENTI (X 2 persone)

- 300g zucca;
- 1 cipollotto;
- 160g riso;
- Sale q.b.;
- Prezzemolo q.b.;
- Noce moscata q.b.;
- 20g parmigiano grattugiato;
- 1 cucchiaio olio e.v.o.;
- 60g indivia belga.

MACROS

430kcal per porzione
Grassi Totali: 11,13g
Colesterolo: 9mg
Sodio: 164mg
Carboidrati Totali: 72,98g
Fibra alimentare: 2,7g
Zuccheri: 2,96g
Proteine: 11,76g

LACTOSE FREE

PROCEDIMENTO

01 Tagliate 250g di zucca e mettetela in un pentolino con acqua. Raggiungete il bollore. Fate cuocere per 15 minuti e poi spengete il fuoco;

02 Tagliate il cipollotto, l'indivia, la zucca restante (50g) e mettete il tutto in un tegame con 1 cucchiaio di olio. Cuocete per qualche secondo poi aggiungete 1 mestolo di brodo che avete fatto con la zucca, il riso, sale e cuocete il risotto. Aggiungete mestoli di brodo al bisogno durante la cottura;

03 Frullate la zucca che avete cotto per il brodo insieme al prezzemolo, sale, noce moscata e aggiungetela al risotto a metà cottura;

04 Quando il risotto è pronto, spengete il fuoco, aggiungete il parmigiano e mescolate energicamente mantecando il tutto. Servite con prezzemolo.

FETTUCCINE INTEGRALI SALMONE E ZUCCHINE

INGREDIENTI (X 1 persona)

- 80g fettuccine integrali;
- 1/2 zucchina;
- 20g porro;
- Peperoncino (facoltativo);
- Sale q.b.;
- 50g salmone affumicato;
- 6 pomodorini;
- Prezzemolo q.b.;
- Curcuma q.b.
- 1/2 bicchiere di vino bianco;
- 1 cucchiaio di olio e.v.o.

MACROS

479kcal per porzione
Grassi Totali: 19,72g
Colesterolo: 25mg
Sodio: 1446mg
Carboidrati Totali: 45,08g
Fibra alimentare: 6,9g
Zuccheri: 5,21g
Proteine: 19,68g

LACTOSE FREE

PROCEDIMENTO

01 Mettete in una pentola acqua a bollire e quando bolle aggiungete il sale e cuocete l e fettuccine;

02 Nel frattempo in una padella mettete l'olio, i pomodorini tagliati a metà, la curcuma, la zucchina tagliata a fettine, il sale, il peperoncino, il porro tagliato a striscioline, un bicchiere d'acqua e cuocete per 10 minuti;

03 Togliete un mestolo del condimento e mettetelo da parte. Aggiungete nella padella il salmone tagliato a pezzetti, sfumate con il vino, cuocete per 2 minuti e spengete il fuoco;

04 Frullate il condimento messo da parte con un mestolo di acqua di cottura delle fettuccine e il prezzemolo. Aggiungetelo al condimento;

05 Scolate la pasta, unitela al condimento e amalgamate il tutto. Servite con prezzemolo.

SECONDI

POLLO AL POMPELMO

INGREDIENTI (X 1 persona)

- 150g pollo senza pelle;
- 1 spicchio d'aglio;
- Sale q.b.;
- Rosmarino q.b.;
- Succo di 1 limone;
- Succo di 1 pompelmo;
- Pepe nero q.b.;
- 1 cucchiaio olio e.v.o.

MACROS

435kcal per porzione
Grassi Totali: 24,55g
Colesterolo: 132mg
Sodio: 614mg
Carboidrati Totali: 9,05g
Fibra alimentare: 0,6g
Zuccheri: 5,16g
Proteine: 43,71g

LACTOSE FREE

PROCEDIMENTO

01 Rosolate il pollo con l'olio, l'aglio e rosmarino in entrambi i lati;

02 Poi aggiungete il sale, il pepe, gli agrumi, 1/2 bicchiere d'acqua calda e cuocete per 45 minuti con coperchio a fuoco basso.

SUSHI KETO

INGREDIENTI (X 2 persone)

- 1 cetriolo;
- 100g salmone affumicato;
- 5g semi di papavero;
- 50g Philadelphia light;
- Scorza di 1 limone non trattato;
- Pepe rosa q.b.

MACROS

147kcal per porzione
Grassi Totali: 8,26g
Colesterolo: 25mg
Sodio: 1611mg
Carboidrati Totali: 4,98g
Fibra alimentare: 1,3g
Zuccheri: 2,82g
Proteine: 12,92g

PROCEDIMENTO

01 Tagliate il cetriolo a fettine molto sottili, lasciateli scolare per 30 minuti, poi mettete le fettine una accanto all'altra;

02 Sopra mettete il salmone, il Philadelphia, i semi di papavero, la scorza del limone;

03 Chiudete a rotolo i cetrioli e poi tagliateli in piccoli sushi.

SPIEDINI DI POLLO GIAPPONESI

INGREDIENTI (X 2 persone)

- 300g petto di pollo;
- 2 cucchiai salsa di soia;
- 20g Erba cipollina fresca;
- 1 cucchiaio Mirin;
- 2 cucchiai aglio in polvere;
- 1 cucchiaio di pepe;
- 1 cucchiaio zucchero di canna integrale;
- Sale q.b.;
- Zenzero fresco grattugiato q.b.;
- 1 cucchiaio olio e.v.o.;
- 5g semi di sesamo.

MACROS

406kcal per porzione
Grassi Totali: 20,58g
Colesterolo: 124mg
Sodio: 1491mg
Carboidrati Totali: 7,08g
Fibra alimentare: 0,6g
Zuccheri: 4,98g
Proteine: 46,15g

LACTOSE FREE

PROCEDIMENTO

01 Tagliate il petto di pollo a fettine sottili, poi a striscioline e infine a cubetti;

02 Trasferite il tutto in una ciotola e aggiungete la salsa di soia, il sale, il pepe, lo zenzero, il Mirin, l'aglio in polvere, lo zucchero di canna, l'olio e mescolate il tutto. Lasciate marinare per 1h e 30 min.;

03 Trascorso il tempo della marinatura, formate gli spiedini mettendo il pollo nei bastoncini, alternandolo con l'erba cipollina fresca;

04 Cuocete gli spiedini nella piastra rovente e spolverateli infine con i semi di sesamo prima di servirli.

SCALOPPINE AL LIMONE

INGREDIENTI (X 2 persone)

- 2 fettine di vitella;
- 1 cucchiaio farina di riso;
- 1 spicchio d'aglio;
- 1 cucchiaio olio e.v.o.;
- Sale q.b.;
- Succo di 1 limone;
- 1/2 bicchiere di acqua.

MACROS

254kcal per porzione
Grassi Totali: 10,67g
Colesterolo: 119mg
Sodio: 120mg
Carboidrati Totali: 7,96g
Fibra alimentare: 0,2g
Zuccheri: 1,14g
Proteine: 30,83g

LACTOSE FREE

PROCEDIMENTO

01 Con un batticarne battete le fettine di vitello;

02 Impanate le fettine con la farina di riso. Mettetele poi in una padella con l'aglio, l'olio e fatele cuocere per 1 minuto per lato;

03 Aggiungete il sale, il 1/2 bicchiere di acqua, il succo di limone e fatele cuocere per 5 minuti.

"SUDADO DE PESCADO"-GUAZZETTO DI PESCE

INGREDIENTI (X 2 persone)

- 2 orate;
- 2 cipolle;
- 1 aji amarillo (peperoncino peruviano facoltativo);
- 2 bicchieri di acqua;
- 50g porro;
- Coriandolo q.b.;
- Sale q.b.;
- 50g salsa di pomodoro;
- Prezzemolo q.b.;
- 1 cucchiaio di olio e.v.o.

MACROS

392kcal per porzione
Grassi Totali: 14,34g
Colesterolo: 130mg
Sodio: 113mg
Carboidrati Totali: 14,75g
Fibra alimentare: 1,9g
Zuccheri: 5,26g
Proteine: 48,88g

LACTOSE FREE

PROCEDIMENTO

01 Pulite e squamate bene le orate, poi tagliatele in 3 parti (testa, coda, parte centrale);

02 In un tegame mettete l'olio, il porro tagliato a striscioline, le cipolle tagliate grossolanamente, l'aji tagliato a striscioline e fate rosolare per pochi secondi;

03 Aggiungete l'acqua, la salsa di pomodoro, il sale e fate cuocere per 10 minuti. Poi aggiungete le orate a pezzi, il coriandolo e fate cuocere per 15 minuti. Salate se necessario e aggiungete il prezzemolo a fine cottura.

ROTOLINI ESTIVI DI TACCHINO

INGREDIENTI (x 2 persone)

- 200g petto di tacchino;
- 1 zucchina;
- 1 carota;
- 8 foglie di spinaci;
- 50g mozzarella light;
- 3 fettine prosciutto cotto;
- 1 cucchiaio olio e.v.o.;
- Sale q.b.;
- Pepe nero q.b..

MACROS

219kcal per porzione
Grassi Totali: 13,88g
Colesterolo: 62mg
Sodio: 1417mg
Carboidrati Totali: 18,85g
Fibra alimentare: 5,1g
Zuccheri: 10,23g
Proteine: 30,76g

PROCEDIMENTO

01 Battete la carne con un batticarne;

02 Posizionate i petti di tacchino in questo modo: due fettine una accanto all'altra su di una pellicola trasparente, e le altre due sulla loro estremità (non vi preoccupate che seguirà il video della ricetta). Salate e pepate;

03 Aggiungete sopra gli spinaci, le carote e le zucchine tagliate con una mandolina, la mozzarella light a pezzetti e le fettine di prosciutto cotto;

04 Richiudete il rotolo con la pellicola trasparente e con un filo da cucina. Cuocetelo in una pentola coperto con acqua e qualche verdurina per 40 minuti;

05 Una volta pronto il tutto, togliete il filo da cucina, la pellicola e tagliate la carne a fette. Mettete sopra l'olio e.v.o.

FRITTATA DI ZUCCHINE

INGREDIENTI (X 2 persone)

- 2 zucchine;
- 1/2 cipolla rossa;
- 2 cucchiai olio e.v.o.;
- Prezzemolo q.b.;
- Sale q.b.;
- Pepe q.b.;
- Curcuma q.b.;
- 2 uova;
- 200 ml albume.

MACROS

263kcal per porzione
Grassi Totali: 18,16g
Colesterolo: 186mg
Sodio: 246mg
Carboidrati Totali: 9,00g
Fibra alimentare: 2,1g
Zuccheri: 4,01g
Proteine:1 7,59g

LACTOSE FREE

PROCEDIMENTO

01 Mettete la cipolla in una padella con un bicchiere di acqua e fate cuocere per 10 minuti con coperchio;

02 In una ciotola mescolate l'albume con il prezzemolo, il sale, il pepe, la curcuma, le uova;

03 Aggiungete le zucchine grattugiate alla cipolla, il sale, l'olio e cuocete per altri 5 minuti;

04 Aggiungete ora il composto di albume e uova. Fate cuocere per 5 minuti. Poi girate la frittata delicatamente aiutandovi con il coperchio o con un piatto e cuocete per altri 5 minuti.

RUSTICO AL SALMONE

INGREDIENTI (X 2 persone)

- 20g porro;
- 1 cipolla rossa;
- 1 cucchiaio olio e.v.o.;
- 1 bicchiere d'acqua;
- 350g salmone fresco;
- 1/2 bicchiere di vino bianco;
- Sale q.b.;
- 2 gocce di tabasco (facoltativo);
- 2 cucchiai salsa di soia;
- 90g pasta fyllo.

MACROS

488,50kcal per porzione
Grassi Totali: 17,58g
Colesterolo: 79mg
Sodio: 1018mg
Carboidrati Totali: 32,31g
Fibra alimentare: 1,6g
Zuccheri: 5,24g
Proteine: 43,26g

LACTOSE FREE

PROCEDIMENTO

01 Tagliate il porro e la cipolla a striscioline e mettetele in una padella. Aggiungete un cucchiaio di olio, il bicchiere d'acqua e cuocete per 10 minuti;

02 Tagliate il salmone a cubetti e aggiungetelo nella padella. Rosolatelo per qualche secondo poi sfumate con il vino bianco. Aggiungete poco sale, il tabasco e la salsa di soia. Cuocete per 5 minuti, poi sminuzzate il salmone con il mestolo di legno;

03 In una teglia oliata precedentemente, mettete un foglio di pasta fyllo, spennellate con l'olio, mettetene un altro, spennellate ancora con l'olio e mettete ancora un altro foglio di pasta fyllo sopra (per un totale di tre strati di pasta fyllo). Aggiungete metà del salmone, un foglio di pasta fyllo, l'altra metà del salmone e chiudete con altri tre strati di pasta fyllo sempre spennellati ognuno con l'olio (il totale di olio è di 1 cucchiaio);

04 Infornate a 180° per 35 minuti.

POLPETTINE AL LIMONE

INGREDIENTI (X 2 persone)

- 350g carne macinata di vitella;
- 2 spicchi d'aglio;
- 20 ml albume;
- 1 cucchiaio parmigiano grattugiato;
- 1 cucchiaio pangrattato;
- Sale, paprika, prezzemolo, pepe, curcuma q.b.;
- 10g zenzero fresco;
- Scorza di 1 limone non trattato;
- Succo di 1 limone;
- 1 cucchiaio olio e.v.o.;
- 1 cucchiaio farina di riso;
- 1 bicchiere di vino bianco.

MACROS

78kcal per porzione
Grassi Totali: 15,10g
Colesterolo: 2mg
Sodio: 95mg
Carboidrati Totali: 15,69g
Fibra alimentare: 1,5g
Zuccheri: 2,79g
Proteine: 36,82g

LACTOSE FREE

PROCEDIMENTO

01 In una ciotola amalgamate la carne macinata con l'albume, le spezie, il sale, il pangrattato, il parmigiano a lunga stagionatura, il prezzemolo tritato, lo zenzero grattugiato, 1 spicchio d'aglio grattugiato. Formate delle polpette e passatele nella farina di riso;

02 In una padella mettete l'aglio, l'olio e le polpette. Rosolatele per qualche secondo poi sfumate con il vino. Aggiungete poi il succo del limone, la scorza del limone e cuocete per 15 minuti a fuoco basso;

03 Se è rimasto troppo liquido, alzate la fiamma e cuocete fin quando si ritira. Servite le polpettine al limone con un pò di scorza di limone grattugiata sopra e il loro sughetto.

SALMONE MARINATO

INGREDIENTI (X 4 persone)

- 1 cucchiaio olio e.v.o.;
- 2 cucchiai sale;
- 1 filetto di salmone da 300g precedentemente abbattuto oppure congelato a -18° per almeno 4 giorni;
- 2 cucchiai aceto di vino bianco;
- 4 lime;
- Pepe rosa q.b.;
- Prezzemolo q.b.

MACROS

367kcal per porzione
Grassi Totali: 23,10g
Colesterolo: 89mg
Sodio: 90mg
Carboidrati Totali: 4,22g
Fibra alimentare: 1,1g
Zuccheri: 0,68g
Proteine: 30,23g

LACTOSE FREE

PROCEDIMENTO

01 Togliete la pelle e le spine al filetto, poi tagliate fettine molto sottili;

02 Mettetelo in una ciotola con 2 cucchiai di sale, il succo dei lime, 2 cucchiai di aceto e lasciatelo marinare in frigo per tutta la notte;

03 Il giorno dopo sciacquatelo bene per eliminare tutto il sale;

04 Conditelo infine con l'olio, il pepe rosa e il prezzemolo.

POLPETTE DI CICORIA

INGREDIENTI (x 4 persone)

- 120g albume;
- 60g pangrattato;
- 200g ricotta light;
- 60g parmigiano grattugiato;
- 1 cucchiaino di curcuma;
- Sale q.b.;
- 2 cucchiai semi di papavero;
- 500g cicoria lessata e scolata.

MACROS

235,75kcal per porzione
Grassi Totali: 9,93g
Colesterolo: 13,25mg
Sodio: 392,25mg
Carboidrati Totali: 20,42g
Fibra alimentare: 5g
Zuccheri: 4,13g
Proteine: 16,96g

LACTOSE FREE

PROCEDIMENTO

01 Sminuzzate la cicoria poi mettetela in una ciotola;

02 Aggiungete l'albume, il pangrattato, il sale, la ricotta, la curcuma, il parmigiano a lunga stagionatura e mescolate il tutto;

03 Con il composto formate le polpette, cospargetele di semi di papavero e mettetele in una teglia rivestita da carta da forno;

04 Infornatele a 180° per 20/25 minuti.

INSALATA MANGO E GAMBERETTI

INGREDIENTI (X 2 persone)

- 300g gamberetti;
- 1 lime;
- 1 mango;
- 10g pinoli;
- Sale q.b.;
- Pepe q.b.;
- 1 cucchiaio olio e.v.o.;
- 1 cucchiaino semi di sesamo;
- 50g lattuga;
- Peperoncino (facoltativo).

MACROS

297kcal per porzione
Grassi Totali: 12,97g
Colesterolo: 226mg
Sodio: 710mg
Carboidrati Totali: 13,88g
Fibra alimentare: 2,1g
Zuccheri: 8,44g
Proteine: 31,56g

LACTOSE FREE

PROCEDIMENTO

01 Tagliate il mango a fettine sottili;

02 Mescolate il mango con i gamberi, sale, pepe, peperoncino, pinoli tostati, succo di lime, olio e valeriana;

03 Servite con una spolverata di semi di sesamo sopra l'insalata.

ZUCCHINE RIPIENE DI TONNO

INGREDIENTI (X 2 persone)

- 140g tonno in scatola sgocciolato;
- 1 cucchiaio olio e.v.o.;
- 3 zucchine;
- Sale q.b.;
- Prezzemolo q.b.;
- Aglio in polvere q.b.;
- Curcuma q.b.;
- 1 cucchiaio pangrattato;
- 1 goccio di tabasco.

MACROS

134kcal per porzione
Grassi Totali: 1,24g
Colesterolo: 21mg
Sodio: 326mg
Carboidrati Totali: 10,34g
Fibra alimentare: 2,4g
Zuccheri: 3,77g
Proteine: 21,01g

LACTOSE FREE

PROCEDIMENTO

01 Svuotate le zucchine rimuovendo la polpa all'interno. Frullate la polpa delle zucchine con prezzemolo e sale;

02 Mettete la polpa frullata in una ciotola. Aggiungete l'aglio grattugiato, il tabasco, la curcuma, la maggiorana, il tonno, il pangrattato e mescolate il tutto;

03 Riempite le zucchine con il ripieno e mettetele in una teglia da forno. Aggiungete l'olio, una spolverata di pangrattato e cuocete a 180° per 30 minuti.

P.S.: Se vi è avanzato un pò del ripieno, cuocetelo insieme alle zucchine e servitelo accanto.

PERSICO ZUCCHINE E POMODORINI

INGREDIENTI (X 2 persone)

- 400g persico;
- Sale q.b.;
- 1 zucchina;
- Prezzemolo q.b.;
- 20g pangrattato;
- 1 spicchio d'aglio;
- 8 pomodorini;
- Rosmarino q.b.;
- Pepe q.b.;
- 2 cucchiai olio e.v.o.

MACROS

359kcal per porzione
Grassi Totali: 16,05g
Colesterolo: 180mg
Sodio: 205mg
Carboidrati Totali: 10,95g
Fibra alimentare: 1,6g
Zuccheri: 2,51g
Proteine: 41,23g

LACTOSE FREE

PROCEDIMENTO

01 Mettete il persico in una teglia rivestita da carta da forno;

02 Aggiungete il sale, la zucchina tagliata a fettine, il rosmarino e salate nuovamente. Unite anche i pomodorini tagliati a metà, un pizzico di sale, lo spicchio d'aglio tagliato a metà, il rosmarino, il pepe, il pangrattato e l'olio;

03 Infornatele a 180° per 25 minuti;

04 Servite con prezzemolo.

TONNO AL PISTACCHIO IN SALSA DI RAVANELLI

INGREDIENTI (X 2 persone)

- 200g tranci di tonno fresco;
- Sale q.b.;
- 10 pistacchi;
- Prezzemolo q.b.;
- 2 cucchiaini pangrattato;
- 6 ravanelli;
- Scorza di 1 limone non trattato;
- Pepe q.b.;
- Aglio in polvere q.b.;
- 1 cucchiaio olio e.v.o.

MACROS

277kcal per porzione
Grassi Totali: 15,75g
Colesterolo: 31mg
Sodio: 118mg
Carboidrati Totali: 8,52g
Fibra alimentare: 1,1g
Zuccheri: 1,10g
Proteine: 24,05g

LACTOSE FREE

PROCEDIMENTO

01 Lavate i ravanelli, privateli del picciolo e tagliateli a fettine in un pentolino. Copriteli con acqua e cuoceteli per 10 minuti;

02 Tritate i pistacchi con il prezzemolo. Metteteli in una ciotola e unite il pangrattato, la scorza del limone, il pepe, il sale, l'aglio in polvere e mescolate il tutto;

03 Panate il tonno in superficie con il pangrattato mescolato al pistacchio e alle spezie. Mettetelo in una teglia rivestita da carta da forno. Oliate, salate e infornatele a 180° per 20 minuti;

04 Frullate i ravanelli con 1 mestolo di acqua della loro cottura e il sale;

05 Servite i tranci di tonno sulla salsa al ravanello e con un ciuffo di prezzemolo.

INSALATA DI POLLO E AVOCADO

INGREDIENTI (X 2 persone)

- 350g petto di pollo;
- 1 avocado;
- 1 cucchiaio olio e.v.o.;
- 50g yogurt greco bianco zero grassi;
- 1 spcchio d'aglio;
- Pepe q.b.;
- Sale q.b.;
- 8 pomodorini;
- 50g lattuga.

MACROS

585kcal per porzione
Grassi Totali: 35,08g
Colesterolo: 145mg
Sodio: 724mg
Carboidrati Totali: 11,29g
Fibra alimentare: 7,3g
Zuccheri: 2,76g
Proteine: 56,74g

PROCEDIMENTO

01 Lessate il petto di pollo e poi sfilacciatelo;

02 Togliete la buccia all'avocado, il seme centrale e tagliatelo a fettine;

03 Tagliate i pomodorini a metà e la lattuga a pezzetti;

04 In una ciotola grattugiate l'aglio, poi unite tutti gli ingredienti e mescolate il tutto.

INSALATA DI POLPO E GAMBERETTI

INGREDIENTI (X 2 persone)

- 200g polpo;
- 100g gamberetti;
- 1 costa di sedano;
- 1 finocchio;
- 1 cipolla;
- Prezzemolo q.b.;
- Sale q.b.;
- 2 cucchiai olio e.v.o.;
- Succo di 1 limone,

MACROS

295kcal per porzione
Grassi Totali: 15,27g
Colesterolo: 48mg
Sodio: 324mg
Carboidrati Totali: 16,04g
Fibra alimentare: 4,6g
Zuccheri: 3,06g
Proteine: 24,96g

LACTOSE FREE

PROCEDIMENTO

01 Lessate il polpo (la cottura è circa di 40 minuti ogni kg di polpo) e i gamberetti sgusciati e puliti (vanno bolliti per 3 minuti);

02 Tagliate il sedano, la cipolla e il finocchio a strisce sottili;

03 Tagliate il polpo una volta cotto e mettetelo in una ciotola insieme ai gamberetti, il sedano, la cipolla, il finocchio, il sale, il succo del limone, il prezzemolo e mescolate il tutto.

LO SAPEVI CHE?

La carne del polpo è ricca di tessuto connettivo e può pertanto risultare di difficile alla masticazione ed alla digestione.

ALETTE DI POLLO CROCCANTI

INGREDIENTI (X 2 persone)

- 200g alette di pollo;
- 1 uovo;
- 30g fiocchi di avena;
- Paprika q.b.;
- Sale q.b.;
- Curcuma q.b.;
- Peperoncino (facoltativo);
- Prezzemolo q.b.

MACROS

374kcal per porzione
Grassi Totali: 22,55g
Colesterolo: 176mg
Sodio: 479mg
Carboidrati Totali: 9,66g
Fibra alimentare: 1,3g
Zuccheri: 1,14g
Proteine: 31,27g

LACTOSE FREE

PROCEDIMENTO

01 Tritate il prezzemolo;

02 In una ciotola unite i fiocchi d'avena, il prezzemolo, la paprika, il sale, la curcuma, il peperoncino e mescolate il tutto. Mettete da parte;

03 In un'altra ciotola sbattete l'uovo con un pizzico di sale con una forchetta;

04 Passate le alette prima nell'uovo e poi nella panatura che avete fatto con i fiocchi di avena;

05 Mettetele in una teglia rivestita da carta da forno e infornate a 180° per 30 minuti.

AVOCADO RIPIENO

INGREDIENTI (X 2 persone)

- 1 avocado;
- 2 uova sode;
- 6 pomodorini;
- Sale q.b.;
- 2 cucchiai di olio e.v.o.;
- Prezzemolo q.b.;
- 1/2 cipolla;
- Succo di 1 lime.

MACROS

366kcal per porzione
Grassi Totali: 32,71g
Colesterolo: 186mg
Sodio: 1233mg
Carboidrati Totali: 14,48g
Fibra alimentare: 8,0g
Zuccheri: 3,03g
Proteine: 8,13g

LACTOSE FREE

PROCEDIMENTO

01 Togliete la buccia all'avocado e il nocciolo centrale;

02 Mettete il succo del lime intorno e dentro all'avocado e mettetelo da parte;

03 Tagliate a fettine l'uovo sodo, i pomodorini e la cipolla. Mettete il sale, il pepe, l'olio, il prezzemolo e mischiate il tutto;

04 Riempite l'avocado con il ripieno e sopra terminate la ricetta con qualche fettina sottile di cipolla.

LO SAPEVI CHE?

L' avocado, nonostante sia un frutto, può arrivare a fornire fino a 400-500 kcal per 100g dato il suo notevole quantitativo di lipidi. Inserirlo nella propria dieta apporta numerosi benefici all'organismo ma se consumato in dosi eccessive può diventare nemico del punto vita.

CEVICHE DI OMBRINA

INGREDIENTI (X 2 persone)

- 1 ombrina (500g) precedentemente abbattuta oppure congelata a -18° per almeno 4 giorni;
- 8 lime;
- 1/2 cipolla rossa tropea;
- 1 aji amarillo (peperoncino peruviano facoltativo);
- Coriandolo q.b.;
- Sale q.b.;
- 1 foglia di lattuga;
- 1 camote (patata dolce) lessata

MACROS

264kcal per porzione
Grassi Totali: 1,93g
Colesterolo: 138mg
Sodio: 328mg
Carboidrati Totali: 17,30g
Fibra alimentare: 3,4g
Zuccheri: 3,91g
Proteine: 44,21g

LACTOSE FREE

PROCEDIMENTO

01 Sfilettate il pesce e privatelo della pelle e delle spine. Tagliate poi i filetti di ombrina a cubetti (non troppo piccoli) e metteteli in una ciotola;

02 Spremete i lime ricavandone il succo, poi aggiungetelo all'ombrina;

03 Tagliate la cipolla a fettine sottili e aggiungetele all'ombrina;

04 Tritate il coriandolo, tagliate l'aji in piccoli cubetti e aggiungeteli all'ombrina. Aggiustate di sale e mischiate il tutto. Fate riposare per 5 minuti in frigo fin quando il pesce diventa bianco;

05 Servite sulla foglia di lattuga accompagnato dal camote (patata dolce).

ORATA CON PATATE E POMODORINI

INGREDIENTI (X 2 persone)

- 1 orata (300g) ;
- 500g patate;
- 2 spicchi d'aglio;
- 2 cucchiai olio e.v.o.;
- Sale q.b.;
- Prezzemolo q.b.;
- Maggiorana q.b.;
- Rosmarino q.b.;
- Pepe nero q.b.;
- 6 pomodorini.

MACROS

540kcal per porzione
Grassi Totali: 23,63g
Colesterolo: 78mg
Sodio: 699mg
Carboidrati Totali: 48,99g
Fibra alimentare: 4,5g
Zuccheri: 2,44g
Proteine: 32,60g

LACTOSE FREE

PROCEDIMENTO

01 Squamate l'orata e lavatela;

02 Pelate le patate e tagliatele a fettine molto sottili;

03 In una teglia rivestita di carta da forno mettete l'orata con le patate;

04 Mettete uno spicchio d'aglio tagliato a pezzetti all'interno dell'orata con prezzemolo, sale, pepe e maggiorana;

05 Aggiungete anche i pomodorini tagliati a pezzetti. Salate il tutto,
Mettete nelle patate l'altro spicchio d'aglio tagliato a pezzetti e cospargete il tutto con rosmarino, maggiorana, pepe nero e l'olio;

06 Infornate a 180° per 30 minuti.

VELLUTATA DI FAVE

INGREDIENTI

- 70g fave;
- 20g porro;
- 100g patata;
- 10g zenzero;
- Sale q.b.;
- 1 cucchiaio di alga spirulina in polvere (facoltativa);
- 5g semi di papavero.

MACROS

209kcal
Grassi Totali:3,20g
Colesterolo:0mg
Sodio:329mg
Carboidrati Totali:32,62g
Fibra alimentare:5,9g
Zuccheri:2,41g
Proteine:13,45g

VEGAN — LACTOSE FREE

PROCEDIMENTO

01 Sbucciate le fave fresche poi lavatele e fatele cuocere in un pentolino con il porro tagliato a striscioline, lo zenzero, la patata tagliata a cubetti e l' acqua per 20 minuti;

02 Frullate poi il tutto aggiungendo il sale e la spirulina verde in polvere;

03 Servite con una spolverata di semi di papavero.

LO SAPEVI CHE?

Le fave sono molto utili sia prima che durante la gravidanza per contrastare la carenza di acido folico (vitamina B9), di cui sono ricche. Questo è importante per evitare malformazioni fetali e permettere la crescita e lo sviluppo neuronale del feto.

CONTORNI

GNOCCHI DI BROCCOLI

INGREDIENTI (X 2 persone)

- 30g parmigiano grattugiato;
- Sale q.b.;
- 1 cucchiaino di curcuma;
- Aglio in polvere q.b.;
- 250g broccoli lessati e ben scolati.

MACROS

108kcal per porzione
Grassi Totali: 4,75g
Colesterolo: 13mg
Sodio: 270mg
Carboidrati Totali: 8,91g
Fibra alimentare: 3,3g
Zuccheri: 2,27g
Proteine: 9,30g

LACTOSE FREE

PROCEDIMENTO

01 Schiacciate i broccoli con uno schiacciapatate ed eliminate l'acqua in eccesso. Metteteli in una ciotola;

02 Unite il parmigiano a lunga stagionatura, il sale, le spezie e mescolate il tutto;

03 Con il composto formate degli gnocchi e metteteli in una teglia rivestita da carta da forno. Premete leggermente con una forchetta la superficie degli gnocchi per creare le classiche righette;

04 Infornate a 180° per 20 minuti. Serviteli con condimento a piacere (noi li abbiamo serviti su di una besciamella vegana, poi spolverata di parmigiano finale e 1 pistacchio tritato).

INSALATA DI ARANCE E RUCOLA

INGREDIENTI

- 1 arancia;
- 150g rucola;
- 1 cucchiaio olio e.v.o.;
- Sale q.b.;
- 1 cucchiaino di pinoli

MACROS

253kcal per muffin
Grassi Totali:18,07g
Colesterolo:0mg
Sodio:41mg
Carboidrati Totali:21,52g
Fibra alimentare:5,7g
Zuccheri:15,51g
Proteine:5,78g

PROCEDIMENTO

01 Tostate i pinoli in padella per qualche secondo;

02 Lavate e scolate la rucola;

03 Mescolate in una ciotola la rucola, l'olio, il sale, i pinoli e l'arancia tagliata a spicchi.

LO SAPEVI CHE?

Consumare il contorno prima delle altre pietanze permette di avere più riempimento gastrico e di migliorare il controllo nell'assimilazione dgli zuccheri e dei grassi.

BARCHETTE DI MELANZANE

INGREDIENTI

- 1 melanzana;
- 1 cucchiaino pangrattato;
- 1 cucchiaino tahin;
- 4 olive nere denocciolate;
- Sale q.b.
- Prezzemolo q.b.;
- Curcuma q.b.;
- Pepe nero q.b.;
- Paprika q.b.;
- 1 cucchiaino olio e.v.o.;
- Aglio in polvere q.b..

MACROS

168kcal
Grassi Totali: 12,06g
Colesterolo: 0mg
Sodio: 213mg
Carboidrati Totali: 13,31g
Fibra alimentare: 5,8g
Zuccheri: 3,98g
Proteine: 3,39g

VEGAN · LACTOSE FREE

PROCEDIMENTO

01 Scottate le melanzane in una pentola con acqua per 5 minuti;

02 Togliete la polpa della melanzana scottata;

03 Frullate l'aglio, la curcuma, il tahin, la polpa della melanzana, il prezzemolo;

04 Tritate le olive nere denocciolate e mescolatele con il resto del ripieno, la paprika, il pepe, il sale e l'aglio in polvere;

05 Mettete le melanzane in una teglia da forno rivestita da carta da forno. Aggiungete il sale, il ripieno, il pangrattato e infornate a 180° per 30 minuti.

VELLUTATA DI CAVOLFIORE E BARBABIETOLA

INGREDIENTI

- 150g cavolfiore lessato;
- 50g cetriolo;
- 400ml acqua;
- 50ml latte di soia;
- 100g barbabietola;
- 1 cucchiaio olio e.v.o.;
- Basilico q.b.;
- Sale q.b.;
- 5g mandorle;
- Paprika q.b..

MACROS

267kcal
Grassi Totali:17,90g
Colesterolo:0mg
Sodio:152mg
Carboidrati Totali:22,24g
Fibra alimentare:8,4g
Zuccheri:11,59g
Proteine:8,40g

VEGAN | LACTOSE FREE | GLUTEN FREE

PROCEDIMENTO

01 Frullate il cavolfiore con l'acqua, il cetriolo, la barbabietola, il sale, la paprika, il latte di soia, il basilico e l'olio;

02 Tritate le mandorle e tostatele in una padella per qualche secondo;

03 Servite la vellutata di cavolfiore e barbabietola con le mandorle a pioggia e una fogliolina di basilico.

FINOCCHI AL GRATE'

INGREDIENTI (X 2 persone)

- 1 finocchio;
- 150ml brodo vegetale fatto in casa con 1 carota, 1 sedano, 1 cipolla, 20g zenzero);
- 1 cucchiaio di olio e.v.o.;
- 2 cucchiai farina di riso;
- Noce moscata q.b.;
- 20g pangrattato,

MACROS

201kcal per porzione
Grassi Totali: 7,74g
Colesterolo: 0mg
Sodio: 165mg
Carboidrati Totali: 30,16g
Fibra alimentare: 5,1g
Zuccheri: 4,52g
Proteine: 3,99g

VEGAN — LACTOSE FREE

PROCEDIMENTO

01 Fate il brodo vegetale con le verdure (carota, sedano, cipolla, zenzero);

02 Tagliate i finocchi a striscioline e poi scottateli per 10 minuti;

03 Preparate la besciamella mettendo in un pentolino l'olio, la farina di riso a fuoco basso. Mescolate e poi aggiungete il brodo vegetale che avete fatto. Mescolate fino a consistenza desiderata. Spengete poi il fuoco, aggiungete il sale e la noce moscata;

04 Mettete in una teglia da forno i finocchi, mescolateli con la besciamella, aggiungete il sale, una spolverata di pangrattato e infornate a 180° per 30 minuti. Servite con prezzemolo.

INSALATA DI FINOCCHI, CAVOLO VIOLA E SEMI DI CANAPA

INGREDIENTI (X 2 persone)

- 50g finocchi;
- 50g cavolo viola;
- 1 cucchiaio di olio e.v.o.;
- Sale q.b.;
- 1 cucchiaio di maionese fit zero grassi;
- 1 cucchiaio semi di canapa.

MACROS

153kcal per porzione
Grassi Totali: 14,39g
Colesterolo: 5mg
Sodio: 119mg
Carboidrati Totali: 4,59g
Fibra alimentare: 1,6g
Zuccheri: 1,69g
Proteine: 2,30g

PROCEDIMENTO

01 Lavate il finocchio e il cavolo viola. Tagliateli a strisce sottili e metteteli in una ciotola;

02 Aggiungete il cucchiaio d'olio e.v.o., il sale, la maionese fit zero grassi, i semi di canapa e mischiate il tutto;

CAVOLFIORE CON BESCIAMELLA SENZA BURRO

INGREDIENTI (X 2 persone)

- 350g cavolfiore bollito;
- 2 cucchiai di olio e.v.o.;
- Sale q.b.;
- 1 cucchiaio farina di riso;
- 1/2 bicchiere latte di soia;
- 2 cucchiai parmigiano grattugiato;
- Peperoncino (facoltativo);
- 1 cucchiaio pangrattato;
- Prezzemolo q.b.;
- Noce moscata q.b..

MACROS

242kcal per porzione
Grassi Totali: 16,31g
Colesterolo: 4mg
Sodio: 184mg
Carboidrati Totali: 18,38g
Fibra alimentare: 4,8g
Zuccheri: 5,97g
Proteine: 7,91g

LACTOSE FREE

PROCEDIMENTO

01 Scaldate il latte di soia;

02 In un pentolino scaldate l'olio con la farina mentre girate con una frusta. Aggiungete poi il latte caldo a filo mentre continuate a girare (fuoco molto basso). Una volta raggiunta la consistenza desiderata spengete il fuoco, mettete il sale e la noce moscata;

03 Versate la besciamella in una ciotola e amalgamatevi il cavolfiore. Mettete il tutto in una teglia da forno. Aggiungete il peperoncino, il parmigiano a lunga stagionatura, il prezzemolo e il pangrattato. Infornate a 180° per 15 minuti. Poi mettete la modalità grill, aumentate la temperatura a 200° e lasciate dorare per 5 minuti circa;

04 Servite il cavolfiore ancora caldo. (per una versione vegana non aggiungete il parmigiano).

RATATOUILLE

INGREDIENTI (X 2 persone)

- 1 cipolla rossa;
- 1 melanzana;
- 2 zucchine;
- 1 carota;
- 200g patate;
- 1 porro;
- Sale q.b.;
- Pepe q.b.;
- Rosmarino q.b.;
- Curcuma q.b.;
- 1 cucchiaio di olio e.v.o.;
- Finocchietto q.b.;
- Origano q.b.;
- 1 bicchiere d'acqua.

MACROS

212,50kcal per porzione
Grassi Totali: 9,50g
Colesterolo: 0mg
Sodio: 283,50mg
Carboidrati Totali: 30,48g
Fibra alimentare: 5,55g
Zuccheri: 5,93g
Proteine: 3,84g

VEGAN — LACTOSE FREE — GLUTEN FREE

PROCEDIMENTO

01 Tagliate a spicchi la cipolla. Tagliate a fette tutte le altre verdure. Lo spessore non deve essere né troppo fino e né troppo spesso;

02 Alternate in una teglia da forno le verdure, mettendo per verticale uno spicchio di cipolla, uno di carota, uno di patata, uno di melanzana, uno di zucchina e uno di porro fino a formare la forma circolare della ratatouille;

03 Salate, pepate, aggiungete l'origano, il finocchietto, la curcuma, l'olio e il bicchiere d'acqua;

04 Ricoprite con carta da forno leggermente bagnata con acqua e poi strizzata. Infornate a 180° per 40 minuti. Togliete la carta da forno e seguitate la cottura a 200° per altri 20 minuti.

MINESTRONE PROFUMATO

INGREDIENTI

- 200g misto di verdure;
- Curcuma q.b.;
- Basilico q.b.;
- 1 cucchiaino polvere di spirulina;
- 20g parmigiano grattugiato;
- Peperoncino (facoltativo);
- Origano q.b.;
- 500ml acqua.

MACROS

205kcal
Grassi Totali: 6,61g
Colesterolo: 18mg
Sodio: 306mg
Carboidrati Totali: 16,55g
Fibra alimentare: 6,8g
Zuccheri: 4,58g
Proteine: 16,40g

LACTOSE FREE

PROCEDIMENTO

01 Mettete l'acqua in una pentola e aggiungete le verdure. Aggiungete il sale, il peperoncino, tutte le spezie e l'alga spirulina. Portate a bollore e fate cuocere per 20 minuti;

02 Servite ben caldo con parmigiano a lunga stagionatura grattugiato (se siete vegani potete ometterlo).

PARMIGIANA DI ZUCCHINE

INGREDIENTI (X 2 persone)

- 3 zucchine grigliate;
- 2 cucchiai olio e.v.o.;
- Sale q.b.;
- 200g salsa di pomodoro;
- 1/2 cipolla tritata;
- 50g mozzarella light;
- Basilico q.b.;
- 30g parmigiano grattugiato.

MACROS

292kcal
Grassi Totali:20,52g
Colesterolo:13mg
Sodio:405mg
Carboidrati Totali:15g
Fibra alimentare:3,4g
Zuccheri:7,97g
Proteine:13,78g

PROCEDIMENTO

01 Fate la salsa mettendo in un tegame la cipolla, l'olio, 1 bicchiere d'acqua. Lasciate cuocere per 10 minuti poi aggiungete la salsa di pomodoro, il basilico, il sale e lasciate cuocere per altri 30 minuti;

02 In una teglia mettete un mestolo di salsa, poi le zucchine, di nuovo la salsa, la mozzarella tagliata finemente e il parmigiano a lunga stagionatura. Facciamo lo stesso completando altri strati;

03 Mettete la teglia in forno e cuocete a 180° per 25 minuti.

FAGOTTINI DI VERDURE

INGREDIENTI (X 4 fagottini)

- 1 porro;
- 1 carota;
- 1 zucchina;
- 1 cucchiaio olio e.v.o.;
- 1 bicchiere di acqua;
- Zenzero in polvere q.b.;
- Pepe q.b.;
- Sale q.b.;
- 1 cucchiaio salsa di soia;
- 2 fogli di pasta fyllo.

MACROS

80,25kcal a fagottino
Grassi Totali: 3,59g
Colesterolo: 0mg
Sodio: 247,50mg
Carboidrati Totali: 10,84g
Fibra alimentare: 1,37g
Zuccheri: 2,19g
Proteine: 1,81g

VEGAN — LACTOSE FREE

PROCEDIMENTO

01 Tagliate a fettine sottili il porro e mettetele in una padella. Aggiungete la carota grattugiata, la zucchina anch'essa grattugiata, un cucchiaino di olio, l'acqua e cuocete per 10 minuti;

02 Aggiungete la salsa di soia, lo zenzero, il pepe e il sale. Mescolate il tutto;

03 Prendete un foglio di pasta fyllo, dividetelo a metà. Mettete un pò del ripieno di verdure e poi richiudete il foglio di pasta fyllo piegando i bordi esterni e poi arrotolandolo. Spennellate con un pò dell'altro cucchiaino di olio per poterlo chiudere. Fate lo stesso con gli altri tre fagottini;

04 Mettete i fagottini in una teglia rivestita da carta da forno e infornate a 180° per 30 minuti.

VELLUTATA DI CAVOLFIORE

INGREDIENTI (X 2 persone)

- 200g cavolfiore;
- 5g zenzero;
- Sale q.b.;
- Prezzemolo q.b.;
- Noce moscata q.b.;
- Erba cipollina q.b.;
- 40ml latte di soia.

MACROS

42kcal a porzione.
Grassi Totali: 0,46g
Colesterolo: 0mg
Sodio: 2363mg
Carboidrati Totali: 7,99g
Fibra alimentare: 2,7g
Zuccheri: 4,96g
Proteine: 2,59g

VEGAN | LACTOSE FREE

PROCEDIMENTO

01 Lessate il cavolfiore con il sale insieme allo zenzero;

02 Riscaldate il latte di soia;

03 Frullate il cavolfiore con latte di soia, lo zenzero, la noce moscata e un bicchiere di acqua di cottura del cavolfiore;

04 Servite con prezzemolo, erba cipollina e una spolverata di noce moscata.

LO SAPEVI CHE?

Il cavolfiore, appartenente alla famiglia delle Brassicacee, o Crucifere, presenta una buona quantità di glucosinolati, fitocomposti molto studiati per le loro caratteristiche benefiche sulla salute.

SPAGHETTI DI ZUCCHINE

INGREDIENTI (X 2 persone)

- 2 zucchine;
- Sale q.b.;
- 1 cucchiaio olio e.v.o.;
- 8 pomodorini;
- 1 spicchio d'aglio;
- Basilico q.b.;
- Prezzemolo q.b..

MACROS

82kcal per porzione
Grassi Totali: 6,99g
Colesterolo: 0mg
Sodio: 2337mg
Carboidrati Totali: 4,59g
Fibra alimentare: 1,5g
Zuccheri: 2,56g
Proteine: 1,49g

VEGAN — LACTOSE FREE

PROCEDIMENTO

01 Tagliate le zucchine a spaghetti con un'affettaverdure (se non lo avete potete tagliarle prima a fettine sottili e poi a striscioline);;

02 Tagliate i pomodorini e fateli cuocere in padella per 5 minuti con lo spicchio d'aglio, l'olio e 1 mestolo di acqua bollente;

03 Aggiungete le zucchine, il basilico, il sale e fatele cuocere per 10 minuti;

04 Rimuovete l'aglio e servite le zuchine con un pò di prezzemolo.

INVOLTINI DI MELANZANA AI FIORI

INGREDIENTI (X 2 persone)

- 20g prezzemolo;
- 1/2 melanzana;
- Sale q.b.
- 8 olive nere denocciolate;
- 2 foglie di menta;
- 10 fiori di zucca;
- 1 cucchiaio d'olio e.v.o.;
- Curcuma q.b.

MACROS

91 cal a porzione
Grassi Totali: 8,08g
Colesterolo: 0mg
Sodio: 2439mg
Carboidrati Totali: 4,54g
Fibra alimentare: 2,4g
Zuccheri: 1,27g
Proteine: 1,02g

PROCEDIMENTO

01 Tagliate a fettine sottili la melanzana e grigliatela;

02 Pulite i fiori di zucca, tagliateli a metà e metteteli in una padella, con un bicchiere d'acqua e la menta. Cuocete per 10 minuti;

03 Tritate le olive e 10g di prezzemolo e mescolatele;

04 Frullate il restante prezzemolo con l'olio, il sale e 10ml di acqua fredda, poi mettete da parte;

05 Aggiungete la curcuma e il sale ai fiori di zucca e alzate la fiamma per far evaporare il liquido;

06 Preparate gli involtini con una fettina di melanzana e mettendo sopra il fiore, il misto di olive e prezzemolo. Chiudete poi gli involtini con uno stuzzicandenti. Serviteli con la salsa di prezzemolo.

LO SAPEVI CHE?

I polifenoli contenuti nelle olive sono facilmente alterati dal calore quindi per godere al meglio delle loro proprietà, sarebbe meglio consumarle crude.

SCAROLA UVA PASSA E PINOLI

INGREDIENTI (X 2 persone)

- 250g scarola riccia;
- 1 cucchiaio olio e.v.o.;
- Sale;
- Peperoncino (facoltativo);
- 1 cucchiaio uva passa;
- 1 cucchiaino di pinoli;
- 1 spicchio d'aglio.

MACROS

127kcal per porzione
Grassi Totali: 9,02g
Colesterolo: 0mg
Sodio: 54mg
Carboidrati Totali: 8,98g
Fibra alimentare: 0,4g
Zuccheri: 4,82g
Proteine: 2,05g

VEGAN — LACTOSE FREE

PROCEDIMENTO

01 Lavate la scarola riccia;

02 In un tegame mettete l'olio, l'aglio, il peperoncino e la scarola. Cuocete per 15 minuti poi salate;

03 Nel frattempo mettete a bagno l'uva passa per 5 minuti e tostate i pinoli nella padella;

04 Aggiungete i pinoli e l'uva passa nella scarola, mescolate il tutto e servite.

ZUCCHINE ALL'ESCABECHE

INGREDIENTI (X 2 persone)

- 2 zucchine;
- 1 cucchiaio di olio e.v.o.;
- Erba cipollina q.b.;
- 1 spicchio d'aglio;
- Sale q.b.;
- Prezzemolo q.b.;
- 2 cucchiai di aceto;
- Curcuma q.b.;
- Pepe nero q.b..

MACROS

79kcal per porzione
Grassi Totali: 6,93g
Colesterolo: 0mg
Sodio: 10mg
Carboidrati Totali: 3,36g
Fibra alimentare: 1,1g
Zuccheri: 1,74g
Proteine: 1,21g

PROCEDIMENTO

01 Tagliate la zucchina a fettine sottili usando una mandolina oppure un pelapatate;

02 In una padella mettete l'olio, l'aglio e le zucchine. Cuocete per pochi secondi poi aggiungete l'aceto, la curcuma, il pepe, il sale e l'erba cipollina. Fate cuocere per 10 minuti;

03 Servite con prezzemolo.

LO SAPEVI CHE?

Per sfruttare al meglio le proprietà antibatteriche dell'aglio legate alla presenza dell'allicina, questo andrebbe consumato crudo.

DOLCI

MUFFIN DI CAROTE E CIOCCOLATO

INGREDIENTI (X 6 muffin)

- 200g carote;
- 1 uovo;
- 100g albume;
- 50g sciroppo d'acero;
- 20g miele;
- 50ml olio di cocco;
- 50g cacao amaro;
- 1 bustina di lievito;
- 100g farina di riso;
- 50g farina di avena.

MACROS

216,83kcal per muffin
Grassi Totali: 10,65g
Colesterolo: 31mg
Sodio: 73,66mg
Carboidrati Totali: 27,90g
Fibra alimentare: 3,83g
Zuccheri: 6,84g
Proteine: 6,17g

LACTOSE FREE

PROCEDIMENTO

01 Grattugiate le carote e lasciatele scolare bene dalla loro acqua;

02 Mescolate gli ingredienti liquidi in una ciotola;

03 Mescolate gli ingredienti secchi in un'altra ciotola. Unitevi ora tutti gli ingredienti liquidi, le carote e amalgamate il tutto;

04 Mettete il composto negli stampini per muffin precedentemente oliati e infornate a 180° per 40 minuti.

LO SAPEVI CHE?

L'etimologia del termine "carotene" si ricollega alle carote. Infatti, questa pro-vitamina fu chiamata così dallo scienziato Wackenroder, che riuscì ad isolare il composto dalla radice della carota.

CESTINI DI AVENA ALLO YOGURT

INGREDIENTI (X 8 cestini)

- 120g fiocchi d'avena;
- 50g miele;
- 1 banana;
- 1 pizzico sale;
- Cannella q.b.;
- 150g yogurt bianco zero grassi;
- 200g frutta di stagione

MACROS

97,50kcal per cestino
Grassi Totali: 1,40g
Colesterolo: 0mg
Sodio: 52,25mg
Carboidrati Totali: 17,71g
Fibra alimentare: 2,18g
Zuccheri: 5,74g
Proteine: 4,25g

LACTOSE FREE

PROCEDIMENTO

01 Schiacciate la banana;

02 Unite i fiocchi di avena, il miele, la cannella, il sale e la banana schiacciata. Mescolate bene;

03 Mettete il composto negli stampini formando dei cestini e cuocete in forno ventilato 160° per 20 minuti;

04 Lasciate raffreddare, togliete i cestini dagli stampini e riempitili con lo yogurt e la frutta.

CREMA AL CAFFE'

INGREDIENTI

- 100ml acqua fredda;
- 1 cucchiaio caffè solubile;
- 1 cucchiaio di zucchero;
- 5g gocce di cioccolato fondente.

MACROS

95kcal
Grassi Totali: 1,42g
Colesterolo: 0mg
Sodio: 1mg
Carboidrati Totali: 16,79g
Fibra alimentare: 2,4g
Zuccheri: 12,57g
Proteine: 3,05g

PROCEDIMENTO

01 Versate l'acqua fredda in una ciotola di vetro;

02 Aggiungete il caffè e lo zucchero;

03 Montate con le fruste per 5 minuti;

04 Servite la vostra crema al caffè con gocce di cioccolato fondente.

CIAMBELLONE

INGREDIENTI

- 200g farina 00;
- 2 uova;
- 180g yogurt non aromatizzato;
- 100g fragole e ribes;
- 50g olio e.v.o.;
- 1 bustina lievito;
- 80ml acqua;
- 50g zucchero semolato.

MACROS

105,24kcal x porzione (50g)
Grassi Totali: 4,20g
Colesterolo: 24,48mg
Sodio: 16,04mg
Carboidrati Totali: 13,89g
Fibra alimentare: 0,47g
Zuccheri: 4,50g
Proteine: 2,64g

PROCEDIMENTO

01 Mescolate le uova con lo zucchero;

02 Aggiungete lo yogurt, l'olio, l'acqua, la farina e il lievito setacciati;

03 Lavate e tagliate la frutta, poi mescolatela con tutti gli ingredienti;

04 Mettete il composto in una teglia precedentemente oliata e infornate a 180° per 35/40 minuti. Fate sempre la prova dello stecchino.

BISCOTTI KETO

INGREDIENTI (X 6 biscotti)

- 100g farina di nocciole;
- 1 uovo;
- 40g olio di cocco;
- 1 cucchiaino lievito per dolci;
- 30g eritritolo.

MACROS

180,33kcal per biscotto
Grassi Totali: 17,72g
Colesterolo: 31mg
Sodio: 11,16mg
Carboidrati Totali: 6,27g
Fibra alimentare: 0,58g
Zuccheri: 0,72g
Proteine: 3,42g

LACTOSE FREE

PROCEDIMENTO

01 Mescolate l'uovo con l'eritritolo;

02 Aggiungete il resto degli ingredienti. Amalgamate il tutto e mettete il composto in frigo per 30 minuti;

03 Trascorso il tempo, in una teglia rivestita da carta da forno formate i biscotti e infornateli a 170° per 12/15 minuti;

LO SAPEVI CHE?

L'olio di cocco è un grasso vegetale che si ottiene dalla lavorazione della polpa essiccata della noce di cocco (copra).

TORTA AL LIMONE

INGREDIENTI

- 200g farina di mandorle senza zuccheri;
- 2 uova;
- 100ml acqua;
- buccia grattugiata di 1 limone non trattato;
- 50g eritritolo.

MACROS

134,06kcal per porzione (50g)
Grassi Totali: 12,05g
Colesterolo: 38,75mg
Sodio: 12,81mg
Carboidrati Totali: 6,49g
Fibra alimentare: 0,010g
Zuccheri: 0,12g
Proteine: 5,12g

LACTOSE FREE

PROCEDIMENTO

01 Mescolate le uova con l'eritritolo;

02 Aggiungete il resto degli ingredienti. Amalgamate il tutto e mettete il composto in una teglia da forno precedentemente oliata;

03 Infornate a 180° per 45 minuti;

LO SAPEVI CHE?

La farina di mandorle è ricca di vitamine, antiossidanti e sali minerali come magnesio, rame e zinco. E' naturalmente dolce ed è perfetta per preparare sia piatti dolci che salati.

PLUMCAKE COCCO E LIMONE

INGREDIENTI

- 100g farina di mandorle senza zuccheri;
- 80g farina di cocco;
- 60g eritritolo;
- 2 uova;
- 100g albume;
- 40g olio di cocco;
- 120g ricotta;
- 1 cucchiaio succo di limone;
- Scorza grattugiata di 1/2 limone non trattato;
- 10g lievito per dolci;
- 1 pizzico sale.

MACROS

143,91kcal per porzione (50g)
Grassi Totali: 12,96g
Colesterolo: 32,83mg
Sodio: 32,29mg
Carboidrati Totali: 7,33g
Fibra alimentare: 0,01g
Zuccheri: 0,67g
Proteine: 4,69g

PROCEDIMENTO

01 Mescolate le uova con l'eritritolo;

02 Aggiungete il resto degli ingredienti. Amalgamate il tutto e mettete il composto in uno stampino per plumcake precedentemente oliato;

03 Infornate a 180° per 50 minuti;

TORTA ALLE PESCHE

INGREDIENTI

- 200g farina integrale;
- 50g farina di mandorle;
- 50g zucchero di cocco;
- 1 bustina lievito per dolci;
- 150ml latte di soia;
- Scorza di 1 limone non trattato;
- 90g olio di semi di girasole;
- 3 pesche;
- 1 pizzico di sale.

MACROS

102,53kcal per porzione (50g)
Grassi Totali: 5,77g
Colesterolo: 0mg
Sodio: 2,98mg
Carboidrati Totali: 10,15g
Fibra alimentare: 0,95g
Zuccheri: 3,63g
Proteine: 2,00g

VEGAN — LACTOSE FREE

PROCEDIMENTO

01 Mescolate prima le polveri;

02 Unite i liquidi pian piano alle polveri mentre mescolate il tutto;

03 Aggiungete 2 pesche tagliate a cubetti e mescolate;

04 Mettete il tutto in una teglia oliata precedentemente con olio di cocco e sulla superficie aggiungete le fettine sottili della terza pesca e una spolverata di zucchero di cocco. Infornate a 180° per 45 minuti. Fate sempre la prova dello stecchino.

LO SAPEVI CHE?

La bevanda vegetale o "latte vegetale" non è più salutare del latte vaccino come molti pensano. Anzi, è importante consumare quelli addizionati di elementi fondamentali come il calcio poichè carenti di molte e benefiche proprietà.

BUDINO 3 INGREDIENTI

INGREDIENTI

- 1 banana;
- 60ml acqua;
- 1 cucchiaio cacao amaro;
- 50g frutta a piacere per decorare.

MACROS

133kcal (se come frutta di decorazione usate le fragole)
Grassi Totali: 1,28g
Colesterolo: 0mg
Sodio: 3mg
Carboidrati Totali: 33,72g
Fibra alimentare: 5,9g
Zuccheri: 16,85g
Proteine: 2,69g

PROCEDIMENTO

01 Frullate la banana con il cacao e l'acqua;

02 Mettete il composto in un pentolino e fatelo cuocere a fuoco basso mentre girate il tutto. Dovrà raggiungere una consistenza né troppo liquida e né troppo densa;

03 Spengete il fuoco e mettete il composto in uno stampino precedentemente oliato con olio di cocco e fatelo riposare in frigo (una volta raffreddato) per un paio d'ore;

04 Servite con frutta a piacere.

AVOCADO CHEESECAKE

INGREDIENTI (X 2 mini cheesecake)

- 50g fette biscottate;
- 1 cucchiaino olio di cocco;
- 30g yogurt bianco zero grassi;
- 180g avocado maturo;
- 80g Philadelphia Protein;
- 70g ricotta light;
- 15g miele.

MACROS

351kcal (per porzione)
Grassi Totali: 19,93g
Colesterolo: 0mg
Sodio: 157mg
Carboidrati Totali: 30,79g
Fibra alimentare: 7,9g
Zuccheri: 6,10g
Proteine: 14,20g

PROCEDIMENTO

01 Sbriciolate le fette biscottate poi mettetele in una ciotola. Aggiungete l'olio di cocco, lo yogurt, 5g di miele e amalgamate il tutto;

02 Mettete le fette biscottate dentro a 2 coppapasta, compattate il tutto e mettete in frigo per 2 ore;

03 Fate la crema schiacciando un avocado maturo, aggiungete il Philadelphia, la ricotta, il restante miele e mescolate il tutto;

04 Aggiungete la crema ottenuta nei 2 coppapasta dove vi erano le fette biscottate. Fate riposare in frigo per 1 ora;

05 Servite le 2 mini cheesecake decorando a piacere. Io ho utilizzato lo sciroppo al cioccolato zero grassi.

BROWNIES LIGHT

INGREDIENTI (X 12 brownies)

- 100g yogurt greco al cocco;
- 50g cioccolato fondente;
- 150g farina d'avena;
- 20g sciroppo d'acero;
- 1 uovo;
- 50ml latte di cocco;
- 10g cacao amaro;
- 50g mandorle;
- 1/2 cucchiaino bicarbonato;
- 1/2 cucchiaino lievito per dolci.

MACROS

71,66kcal per brownie
Grassi Totali: 3,97g
Colesterolo: 15,5mg
Sodio: 127,50mg
Carboidrati Totali: 6,68g
Fibra alimentare: 1,17g
Zuccheri: 4,13g
Proteine: 2,66g

PROCEDIMENTO

01 Sciogliete il cioccolato a bagnomaria e mettete da parte;

02 Tritate le mandorle;

03 Mettete in una ciotola le mandorle tritate con la farina. Aggiungete il cacao, il bicarbonato, il pizzico di sale e il lievito. Mescolate il tutto poi unite l'uovo, lo yogurt, il latte, lo sciroppo d'acero e il cioccolato sciolto. Amalgamate tutti gli ingredienti;

04 Mettete il composto in una teglia rivestita da carta da forno e livellate bene. Infornate a 180° per 12 minuti;

05 Lasciate raffreddare e formate i brownies con delle formine.

LO SAPEVI CHE?

Secondo uno studio dell'Università di Copenaghen, mangiare cioccolato al 70% di cacao soddisfa l'appetito, riducendo la fame più di quanto faccia il cioccolato al latte.

BANANA BREAD

INGREDIENTI

- 2 banane;
- 100ml latte di cocco;
- 100ml albume;
- 1 uovo;
- 150g farina tipo 1;
- 50g farina d'avena:
- 1 bustina di lievito per dolci

MACROS

97,88kcal per porzione (50g)
Grassi Totali: 0,89g
Colesterolo: 20,66mg
Sodio: 21,22mg
Carboidrati Totali: 18,52g
Fibra alimentare: 1,44g
Zuccheri: 3,63g
Proteine: 4,14g

LACTOSE FREE

PROCEDIMENTO

01 Schiacciate le banane con una forchetta;

02 In una ciotola a parte, sbattete l'uovo e l'albume con una frusta;

03 Aggiungete le banane schiacciate, mescolate il tutto;

04 Aggiungete ora le farine e il lievito setacciati e amalgamate il tutto con una spatola. Unite poi il latte di cocco e mescolate ancora;

05 Mettete il composto in uno stampino oliato precedentemente con olio di cocco e infornate a 180° per 30 minuti.

CIAMBELLINE SOFFICI ALLE PESCHE

INGREDIENTI (X 8 ciambelline)

- 1 uovo;
- 60g eritritolo;
- 50g farina integrale;
- 50g farina manitoba;
- 8g lievito per dolci;
- 60g yogurt greco al cocco;
- 1 pesca;
- 5g olio di cocco o di semi per oliare gli stampini.

MACROS

66,87kcal per ciambellina
Grassi Totali: 1,45g
Colesterolo: 23,25mg
Sodio: 11,12mg
Carboidrati Totali: 17,41g
Fibra alimentare: 0,8g
Zuccheri: 1,70g
Proteine: 2,94g

PROCEDIMENTO

01 Mescolate l'uovo con l'eritritolo con le fruste;

02 Aggiungete le farine e il lievito setacciati e mescolate;

03 Aggiungete lo yogurt greco e la pesca tagliata a cubetti e amalgamate tutti gli ingredienti;

04 Mettete il composto negli stampini precedentemente oliati con olio di cocco;

05 Infornate a 180° per 25/30 minuti.

SEMIFREDDO AL CAFFE'

INGREDIENTI (X 2 persone)

- 20ml caffè;
- 30g eritritolo;
- 1 cucchiaino agar agar:
- 170g yogurt greco bianco zero grassi;
- 5g cacao amaro.

MACROS

60kcal per porzione
Grassi Totali: 0,37g
Colesterolo: 0mg
Sodio: 87mg
Carboidrati Totali: 20,01g
Fibra alimentare: 0,8g
Zuccheri: 3,44g
Proteine: 9,30g

PROCEDIMENTO

01 Mescolate il caffè con l'eritritolo e l'agar agar;

02 Aggiungete lo yogurt greco e mescolate ancora;

03 Mettete il composto in due stampini e poi in freezer per 1 ora;

04 Pronti i semifreddi, toglieteli dagli stampini e spolverate con cacao amaro;

SFORMATINI DI MELA

INGREDIENTI (X 2 sformatini)

- 2 mele gialle;
- 2 cucchiai zucchero di canna;
- 1 cucchiaio uva sultanina;
- 10g mandorle;
- 2 cucchiaini di pinoli;
- Cannella q.b.;
- Scorza di 1 limone non trattato;
- 2 foglioline di menta.

MACROS

180kcal per porzione
Grassi Totali: 6,19g
Colesterolo: 0mg
Sodio: 6mg
Carboidrati Totali: 32,39g
Fibra alimentare: 4,3g
Zuccheri: 24,38g
Proteine: 2,16g

VEGAN · LACTOSE FREE

PROCEDIMENTO

01 Sbucciate le mele e rimuovete il torsolo. Poi tagliatele a spicchi e mettetele in un pentolino;

02 Aggiungete lo zucchero, la scorza di 1 limone, la cannella. Ricoprite d'acqua e cuocete per 15 minuti;

03 Tagliate le mandorle grossolanamente e mettetele in una ciotola con i pinoli e l'uva sultanina (precedentemente messa in ammollo in acqua per una decina di minuti);

04 Aggiungete le mele scolate. Schiacciatele mentre le mescolate con tutti gli ingredienti. Poi copritele con una pellicola e mettetele in frigo per un paio di ore;

05 Mettete poi il composto in degli stampini e infornate a 160° per 15 minuti. Una volta pronti, toglieteli dagli stampini e guarnite con le foglioline di menta e una spolverata di cannella.

SALAME AL CIOCCOLATO FIT

INGREDIENTI

- 180g biscotti integrali senza burro e uova;
- 30g cacao amaro;
- 150g yogurt greco bianco zero grassi;
- 20g yogurt greco al cocco;
- 30g zucchero di canna integrale;
- 30g nocciole;
- 10g farina di cocco.

MACROS

126,88kcal per porzione (50g)
Grassi Totali: 4,19g
Colesterolo: 0mg
Sodio: 118,66mg
Carboidrati Totali: 18,05g
Fibra alimentare: 2,6g
Zuccheri: 7,47g
Proteine: 4,62g

PROCEDIMENTO

01 Mettete i biscotti in un sacchetto e sbriciolateli con il mattarello;

02 Tritate le nocciole con il cacao e lo zucchero;

03 Mettete il tutto in una ciotola e aggiungete gli yogurt e mescolate;

04 Con il composto formate un salame e mettetelo in frigo per 1 ora;

05 Cospargetelo successivamente con la farina di cocco e formate la retina con il filo da cucina;

LIEVITATI

PIADINA INTEGRALE

INGREDIENTI

- 50g farina integrale;
- 5g olio;
- Sale q.b.
- 25g acqua.

MACROS

204kcal
Grassi Totali: 5,75g
Colesterolo: 0mg
Sodio: 2mg
Carboidrati Totali: 30,80g
Fibra alimentare: 3,6g
Zuccheri: 0,30g
Proteine: 5,60g

VEGAN — LACTOSE FREE

PROCEDIMENTO

01 Mescolate la farina con l'acqua, l'olio e il sale. Impastate e lasciate riposare per 15 minuti;

02 Stendete l'impasto con il mattarello e cuocete la piadina due minuti per lato su di una padella antiaderente ben calda;

03 Farcitela come preferite.

PANE INTEGRALE

INGREDIENTI

- 500g farina integrale;
- 3 cucchiai olio e.v.o.;
- 10g sale;
- 4g lievito di birra fresco;
- 1 cucchiaino zucchero integrale di canna;
- 350ml acqua.

MACROS

115,35kcal per 50g
Grassi Totali: 2,94g
Colesterolo: 0mg
Sodio: 215,68mg
Carboidrati Totali: 17,26g
Fibra alimentare: 3,05g
Zuccheri: 0,35g
Proteine: 3,47g

VEGAN — LACTOSE FREE

PROCEDIMENTO

01. Sciogliete il lievito e lo zucchero nell'acqua tiepida;
02. Mettete la farina in una ciotola e aggiungete l'acqua con il lievito e lo zucchero. Mescolate il tutto, poi aggiungete l'olio e il sale;
03. Trasferite l'impasto in una spianatoia e impastate;
04. Ottenuto un impasto liscio ed omogeneo, trasferitelo in una ciotola e fatelo lievitare coperto per 3 ore;
05. Rinvigorite l'impasto con un pò di farina mentre lo impastate facendo due pieghe laterali e chiudendolo con le altre due superiori;
06. Mettetelo poi in una teglia ricoperta da carta da forno. Dategli la forma che preferite e lasciatelo lievitare per un'altra ora;
07. Fate dei taglietti sulla superficie per dare la classica forma a croce e infornatelo a 180° per 45 minuti.

PIZZA NUVOLA

INGREDIENTI

- 100g albume;
- 1 uovo;
- 100g yogurt greco bianco zero grassi;
- 1/2 cucchiaino lievito per salati;
- 1 pizzico di sale;
- Pepe q.b.;
- 50g rucola;
- 50g salmone affumicato;
- 5 olive;
- 1 cucchiaio di olio e.v.o.;
- 1 cucchiaio glassa aceto balsamico (facoltativa).

MACROS

398kcal
Grassi Totali: 22,45g
Colesterolo: 198mg
Sodio: 919mg
Carboidrati Totali: 10,37g
Fibra alimentare: 1,3g
Zuccheri: 8,43g
Proteine: 37,32g

PROCEDIMENTO

01 Rompete l'uovo e separatelo dall'albume in un'altra ciotola;

02 Montate il tuorlo con lo yogurt, il lievito, il sale, il pepe e montate a parte anche gli albumi;

03 Unite pian piano l'albume montato al tuorlo e poi infornate il tutto in una teglia rivestita da carta da forno a 180° per 10 minuti.;

04 Condite la pizza nuvola proteica con la rucola, il salmone, le olive, l'olio e la glassa di aceto balsamico.

PANE INTEGRALE ALLE OLIVE

INGREDIENTI

- 150ml acqua tiepida;
- 250g farina integrale;
- 2g zucchero di canna integrale;
- 10g olio e.v.o.;
- 5g sale;
- 70g olive nere;
- 4g lievito di birra fresco.

MACROS

102,13kcal per 50g
Grassi Totali: 2,44g
Colesterolo: 0mg
Sodio: 300,50mg
Carboidrati Totali: 16,38g
Fibra alimentare: 2,03g
Zuccheri: 0,34g
Proteine: 2,94g

VEGAN — LACTOSE FREE

PROCEDIMENTO

01 Sciogliete il lievito nell'acqua tiepida;

02 Mettetelo in una ciotola e poi aggiungete lo zucchero, la farina, il sale e l'olio;

03 Impastate e mettete il composto in una ciotola coperta. Fatelo lievitare per 1 ora;

04 Tagliate a pezzetti le olive;

05 Una volta lievitato l'impasto stendetelo come un rettangolo, aggiungete le olive, arrotolatelo e tagliatelo in 3 parti;

06 Mettete i panetti in una teglia ricoperta da carta da forno e fateli lievitare per un'altra ora;

07 Infornate a 180° per 20 minuti.

FOCACCIA AI FICHI

INGREDIENTI

- 450g farina integrale;
- 2g lievito di birra fresco;
- 1 cucchiaio olio e.v.o.;
- 5g sale;
- 250g acqua tiepida;
- 1 cucchiaio zucchero integrale di canna;
- 8 fichi;
- 2 cucchiai miele;
- Succo di 1/2 limone non trattato;
- Rosmarino q.b.

MACROS

83,17kcal per 50g
Grassi Totali: 0,98g
Colesterolo: 0mg
Sodio: 102,31mg
Carboidrati Totali: 15,92g
Fibra alimentare: 1,94g
Zuccheri: 3,18g
Proteine: 2,37g

VEGAN — LACTOSE FREE

PROCEDIMENTO

01 Sciogliete il lievito nell'acqua tiepida;

02 Mettete la farina in una ciotola con lo zucchero, il lievito con l'acqua, l'olio, il sale e amalgamate il tutto;

03 Impastate e fate lievitare l'impasto per 2 ore in una ciotola coperta con un panno;

04 Mettete l'impasto in una teglia rivestita da carta da forno e spianatelo per formare un rettangolo. Bucherellatelo con una forchetta. Aggiungete gli 8 fichi tagliati a metà e il rosmarino;

05 Scaldate il miele con il succo del limone per 2 minuti;

06 Spennellate la focaccia con il miele scaldato e infornate a 180° per 30 minuti. Poi spennellate con altro miele rimasto e lasciate raffreddare.

LO SAPEVI CHE?

Secondo uno studio della Northumbria University, il rosmarino migliora le prestazioni cognitive e la memoria a lungo termine fino al 15%!

PANE INTEGRALE ALLA ZUCCA

INGREDIENTI

- 300g farina integrale;
- 4g lievito di birra fresco;
- 1/2 cucchiaio olio e.v.o.;
- 5g sale;
- 100g acqua tiepida;
- 100g semola;
- 300g zucca;
- 1 cucchiaino zucchero integrale di canna.

MACROS

88,76kcal per 50g
Grassi Totali:0,77g
Colesterolo:0mg
Sodio:142,91mg
Carboidrati Totali:17,08g
Fibra alimentare:1,56g
Zuccheri:0,71g
Proteine:2,40g

VEGAN — LACTOSE FREE

PROCEDIMENTO

01 Mettete la zucca tagliata a fette in forno a 200° per 20 minuti, poi schiacciatela e mettetela da parte;

02 Sciogliete il lievito nell'acqua tiepida;

03 Mettete le farine in una ciotola con lo zucchero. Aggiungete l'acqua, il lievito e amalgamate il tutto. Poi aggiungete la zucca e impastate;

04 Fate riposare l'impasto per 10 minuti. Aggiungete poi l'olio, il sale e impastate;

05 Trasferite il composto su una spianatoia cosparsa di un pò di semola e continuate a impastare. Lasciate lievitare l'impasto in una ciotola coperta da un panno per 4 ore;

06 Trascorso il tempo lavorate l'impasto e date la forma di una pagnotta. Fate dei taglietti e lasciatelo riposare per 45 minuti in una teglia rivestita da carta da forno. Poi infornate a 190° per 25 minuti.

LO SAPEVI CHE?

La fondamentale differenza tra semola e farina sta nel tipo di grano: la semola proviene dalla macinazione del grano duro, mentre la farina è il frutto della molitura del grano tenero. La semola è ricca di proteine, dunque ha un potere saziante maggiore.

PIZZA DI FARRO LUNGA LIEVITAZIONE

INGREDIENTI (X 4 pizze)

- 350ml acqua tiepida;
- 100g farina integrale;
- 10g zucchero di canna integrale;
- 5g sale;
- 500g farina di farro;
- 20g Farina di semola;
- 4g lievito di birra fresco.

MACROS

526kcal x pizza
Grassi Totali:2,33g
Colesterolo:0mg
Sodio:12mg
Carboidrati Totali:105,39g
Fibra alimentare:6,3g
Zuccheri:5,99g
Proteine:21,89g

VEGAN — LACTOSE FREE

PROCEDIMENTO

01 Sciogliete il lievito e lo zucchero nell'acqua tiepida;

02 Mettete in una ciotola le due farine poi aggiungete il lievito con l'acqua e lo zucchero, il sale e impastate;

03 Mettete l'impasto in una ciotola coperta con la pellicola trasparente. Fatelo riposare per 30 minuti;

04 Riprendente l'impasto, spolverate la spianatoia con un pò di farina di semola e rinvigoritelo impastandolo formando delle pieghe laterali e poi richiudendolo con le pieghe superiori. Fatelo riposare per altri 30 minuti. Dovete rifare questo passaggio ancora un'ultima volta. Poi riponetelo in frigo, sempre nella ciotola coperta con la pellicola trasparente, per 48 ore;

05 Trascorso il tempo, rinvigorite l'impasto con la spolverata di semola poi, formate 4 palline (senza spezzare l'impasto. Dovete prendere con una mano una parte dell'impasto e stringerlo con il pugno, in questo modo si staccherà da solo senza spezzarsi). Fate lievitare le 4 palline per altre 2 ore coperte da un panno;

06 Oliate le teglie, formate le pizze, decoratele come più vi piace e infornatele a 200° per 10/12 minuti.

PANINI ALLA ZUCCA

INGREDIENTI (X 4 panini)

- 80ml latte di soia;
- 300g farina integrale;
- 150g zucca (cotta in forno precedentemente a 200° per 20 minuti);
- 5g sale;
- 4g lievito di birra fresco;
- 1 cucchiaio olio e.v.o.;
- Curcuma q.b..

MACROS

280kcal x panino
Grassi Totali: 4,05g
Colesterolo: 0mg
Sodio: 9mg
Carboidrati Totali: 49,38g
Fibra alimentare: 5,7g
Zuccheri: 1,52g
Proteine: 9,46g

VEGAN — LACTOSE FREE

PROCEDIMENTO

01 Sciogliete il lievito nel latte di soia tiepido;

02 Mettete in una ciotola la farina poi aggiungete la polpa della zucca (frullata), il lievito con il latte, l'olio, il sale, la curcuma e impastate;

03 Mettete l'impasto in una ciotola coperta con la pellicola trasparente. Fatelo lievitare per 5 ore;

04 Formate 4 panini e posizionateli su di una teglia rivestita da carta da forno. Prendete lo spago da cucina, fate 8 giri intorno ad ogni panino in modo da formare gli spicchi della zucca e fate un nodino. Fate lievitare i panini per altri 30 minuti;

05 Infornate i panini a 180° per 20 minuti;

06 Lasciateli raffreddare e tagliate via lo spago.

BONUS

DADO VEGETALE FATTO IN CASA

INGREDIENTI (X 20 dadi)

- 70g carote;
- 300g zucchine;
- 130g patate (facoltative);
- 120g cipolla;
- 80g sedano;
- 50g pomodorini;
- 1 spicchio d'aglio;
- 2 cucchiai di olio e.v.o.;
- 180g sale;
- Origano q.b.;
- Prezzemolo q.b..

MACROS

26,05kcal per dado
Grassi Totali: 1,55g
Colesterolo: 0mg
Sodio: 3512,20mg
Carboidrati Totali: 2,92g
Fibra alimentare: 0,55g
Zuccheri: 0,86g
Proteine: 0,42g

PROCEDIMENTO

01 Tagliate tutte le verdure;

02 Mettete il tutto in un tegame, aggiungete l'olio, origano, 1 bicchiere d'acqua e cuocete per 10 minuti;

03 Aggiungete il sale, l'aglio e cuocete per altri 30 minuti, poi unite il prezzemolo, frullate ancora e cuocete per altri 15 minuti;

04 Mettete il composto negli stampini per ghiaccioli e poi in freezer. Prima di utilizzarli attendete almeno 12 ore che riposano in freezer dopo averli fatti. Se non li utilizzate, conservateli in freezer;

05 Attenzione! E' molto importante, al momento dell'utilizzo, non usare l'intero dado. Utilizzatene soltanto la metà della metà e assaggiate poi la sapidità del piatto. Soltanto in caso mancasse del sale, potete aggiungere un altro pò di dado in base anche per quante persone state cucinando la pietanza.

LO SAPEVI CHE?

Consumare il dado vegetale fatto in casa è un ottimo modo per evitare l'assunzione di additivi e conservanti in quello in vendita nei supermercati. Inoltre, avere controllo sul quantitativo di sale assunto nella dieta, è un ottima strategia per mantenere la pressione arteriosa nel range di normalità.

TÈ ALLA PESCA FATTO IN CASA

INGREDIENTI

- 2 pesche;
- 1 litro d'acqua;
- 2 bustine di tè;
- 50g eritritolo.

MACROS

76kcal
Grassi Totali:0,49g
Colesterolo:0mg
Sodio:0mg
Carboidrati Totali:68,70g
Fibra alimentare:2,9g
Zuccheri:16,44g
Proteine:1,78g

PROCEDIMENTO

01 Mettete le pesche in un tegame con l'acqua. Portate a ebollizione e fatele cuocere ancora per 5 minuti;

02 Aggiungete le bustine di tè, schiacciate le pesche con una forchetta e lasciate riposare per una decina di minuti;

03 Filtrate il tè con un colino e mettetelo in una bottiglia di vetro o in una brocca. Aggiungete l'eritritolo e mescolate;

04 Una volta freddo potete conservarlo in frigorifero.

LO SAPEVI CHE?

L'eritritolo è un dolcificante naturale che rappresenta una valida alternativa sia rispetto al comune zucchero da tavola sia rispetto ai vari dolcificanti sintetici e semisintetici presenti in commercio. Utile per chi vuole ridurre l'apporto energetico giornaliero (0,2 kcal/g), controllare i picchi glicemici e preservare la salute dentale. Attenzione però, se utilizzato oltre la soglia di tollerabilità può avere effetti lassativi.

ACQUA AROMATIZZATA

INGREDIENTI
(acqua fragole e limone)
- 500ml acqua;
- 1/2 limone;
- 4 fragole.

(acqua al cetriolo)
- 500ml acqua;
- 1/2 limone;
- 1/2 cetriolo;
- Menta q.b.;
- 2 fettine di zenzero fresco.

(acqua all'arancia)
- 500ml acqua;
- 1 arancia;
- 1/2 stecca di cannella.

PROCEDIMENTO
01 Il procedimento è molto semplice per tutti e tre i tipi di acqua aromatizzata. Dovete solo mettere in 3 brocche o bottiglie di vetro, gli ingredienti sopradescritti (Le arance e i cetrioli devono essere tagliati a fettine sottili);

02 Conservate le acque aromatizzate in frigo.

MACROS
21kcal (acqua fragole e limone)
Grassi Totali: 0,21g
Colesterolo: 0mg
Sodio: 1mg
Carboidrati Totali: 5,77g
Fibra alimentare: 1,6g
Zuccheri: 2,59g
Proteine: 0,59g

MACROS
28kcal (acqua al cetriolo)
Grassi Totali: 0,31g
Colesterolo: 0mg
Sodio: 397mg
Carboidrati Totali: 6,99g
Fibra alimentare: 1,6g
Zuccheri: 1,41g
Proteine: 0,79g

MACROS
68kcal (acqua all'arancia)
Grassi Totali: 0,23g
Colesterolo: 0mg
Sodio: 1mg
Carboidrati Totali: 17,23g
Fibra alimentare: 4,3g
Zuccheri: 12,30g
Proteine: 1,32g

CIOCCOLATO BIANCO ZERO ZUCCHERI

INGREDIENTI (x 20 cioccolatini)

- 30g xilitolo;
- 100g burro di cacao;
- 1 pizzico sale;
- 30g latte di cocco in polvere;
- 2 gocce estratto di vaniglia.

MACROS

58,10kcal per cioccolatino
Grassi Totali: 5,93g
Colesterolo: 0mg
Sodio: 8,2mg
Carboidrati Totali: 1,87g
Fibra alimentare: 0g
Zuccheri: 0,14g
Proteine: 0,30g

PROCEDIMENTO

01 Scaldate lo xilitolo a bagnomaria;

02 Aggiungete il burro di cacao (sempre a bagnomaria), il pizzico di sale, il latte di cocco in polvere e la vaniglia. Mescolate il tutto e fate sciogliere tutti gli ingredienti;

03 Versate il composto negli stampini oppure nello stampino per i cubetti di ghiaccio e riponete in frigo per qualche ora (fino a solidificazione);

04 Togliete i cioccolatini dagli stampini e conservate in frigo.

TISANA BLU (BLUE BUTTERFLY PEA - FIORE DELLA FARFALLA BLU PISELLO)

INGREDIENTI

- 500ml acqua;
- 1 cucchiaino di fiori di blue butterfly pea essiccati.

MACROS

0kcal
Grassi Totali:0g
Colesterolo:0mg
Sodio:0mg
Carboidrati Totali:0g
Fibra alimentare:0g
Zuccheri:0g
Proteine:0g

PROCEDIMENTO

01 Portate a ebollizione l'acqua in un pentolino;

02 Aggiungete i fiori e lasciate in infusione per 5 minuti. Gustate la vostra tisana.

LO SAPEVI CHE?

I fiori blu della Clitoria ternatea, oltre a fungere come un colorante naturale, sono un concentrato di "antociani" e dunque di antiossidanti che svolgono effetti benefici per la salute. Tra i tanti, contrastano l'invecchiamento cellulare e migliorano l'aspetto di unghie e capelli.

Conclusioni

Abbiamo visto quanto sia importante saper approcciarsi ad una sana alimentazione e sfatato il falso mito che "stare a dieta" equivale ad inutili rinunce e a cibo triste. Uno stile di vita sano è quello che ci fa stare bene, sentire energici e in armonia con il nostro corpo.

Ci auguriamo di avervi fatto recepire il nostro messaggio attraverso l'illustrazione dei principi per una corretta e sana alimentazione, la lettura di un'etichetta alimentare per un acquisto consapevole e la comprensione della corretta struttura del piatto ideale.

Le ricette che vi hanno accompagnato vogliono essere un esempio di come sia semplice, gustoso e sano mangiare con consapevolezza per sfruttare al massimo le potenzialità di una corretta alimentazione. Potete sbizzarrirvi in modo divertente per ricrearle, anche variando gli ingredienti come più vi piace, ma ricordando sempre di badare a ciò che compone un piatto equilibrato. Dite addio quindi a prodotti industriali e chimici. Salutate il merluzzo lesso o il petto di pollo alla piastra.

Cucinate! Scoprirete che farlo è soddisfacente visto che il tempo impiegato sarà completamente dedicato a voi, ed a nessun'altro.

Amatevi, è il primo passo verso la libertà.

Appendice

In questa sezione, vi abbiamo riportato i link video di alcune delle ricette del libro.

Vi ricordiamo che per qualsiasi dubbio potete sempre contattarci tramite e-mail all'indirizzo: info@fitfooditaly.com oppure nella chat del nostro sito web: www.fitfooditaly.com

Fit street food:
https://www.youtube.com/watch?v=isfr5uLxaoA
Sushi:
https://www.youtube.com/watch?v=UK9Imj0fpDQ
Panini con burger vegani:
https://www.youtube.com/watch?v=E58VhFFBUss
Lasagna fit:
https://www.youtube.com/watch?v=CtX5lFcqvYU
Spiedini di pollo Giapponesi:
https://www.youtube.com/watch?v=8b3R0c-kX-8
Rotolini estivi di tacchino:
https://www.youtube.com/watch?v=AktEfs1s1vs
Ratatouille:
https://www.youtube.com/watch?v=ynBy6go7D7I
Involtini di melanzane ai fiori:

https://www.youtube.com/watch?v=FDLuB8NDdvw

Pane integrale alla zucca:

https://www.youtube.com/watch?v=D45A7v6trHw

Pane integrale alle olive:

https://www.youtube.com/watch?v=fP6XiJJQqxI

Pizza di farro a lunga lievitazione:

https://www.youtube.com/watch?v=UwotteKqKE4

Focaccia ai fichi:

https://www.youtube.com/watch?v=wbNp68Yu1eI

Dado vegetale fatto in casa:

https://www.youtube.com/watch?v=o6vyisKtgck

Tè alla pesca fatto in casa:

https://www.youtube.com/watch?v=p0Z9xd9xNjk

Acqua aromatizzata:

https://www.youtube.com/watch?v=scyyxw04cmE

Cioccolato bianco zero zuccheri fatto in casa:

https://www.youtube.com/watch?v=wVsIsYKVPKs

Bibliografia e sitografia minima

J.C.Bays, Mindful Eating, Enrico Damiani Editore, 2021

https://www.crea.gov.it/-/tabella-di-composizione-degli-alimenti

https://www.crea.gov.it/-/on-line-le-linee-guida-per-una-sana-alimentazione-2018

https://www.hsph.harvard.edu/nutritionsource/healthy-eating-plate/translations/italian/

Printed in Great Britain
by Amazon